KB109233

러일전쟁

일본과 러시아 틈새의 한국

차례
Contents

언덕 위 구름을 향한 꿈, 아시아 침략

러일전쟁은 일본이 도발한 수많은 전쟁 가운데 일본 국민들의 기억에 가장 강렬하게 각인된 전쟁이다. 일본이 과거의 전쟁에 강한 향수를 느끼는 가장 큰 이유는 러일전쟁 승리에 대한 역사적 도취감 때문일 것이다. 이 전쟁에서 승리함으로써 일본은 극동의 변방국에서 세계열강으로 등장한다.

2015년 8월 15일 일본의 아베 신조(安倍晉三) 총리(수상)는 제2차 세계대전 종결 70주년에 발표한 담화에서 "러일전쟁은 식민지 지배 아래 놓여 있던 아시아 및 아프리카의 수많은 사람들에게 용기를 북돋워주었다"고 했다. 그러나 일본이 이 전쟁을 계기로 한국을 식민지화하고 중국 침략을 본격화했다는 점을 고려하면, 일본이 의도하지 않은 전쟁의 결과가 약소국에게 희망을 준 것에 지나지 않는다. 같은 맥락에서 일본은 제2차 세계대전 때 서구 국가들의 식민지였던 동남아시아를 침략하면서 "백인종으로부터 황인종의 해방"을 표방했다. 그리고 일본의 패망으로 제2차 세계대전이 끝나고 아시아 각국이 독립을 쟁취하자, 일부에서는 일본이 전쟁 목적을 달성했고, 그렇기 때문에 일본은 승리했다고 주장했다. 무서울 정도로 교묘하게 역사를 왜곡하는 결과론적 해석이다.

러일전쟁을 배경으로 한 『언덕 위의 구름』(1969~72)이라는 대하소설은 일본판 『삼국지』라고 하는 『도쿠가와 이에야스』(한국판은 『대망(大望)』) 이상으로 일본 국민들에게 많이 읽히고 있다. 러일전쟁을 배경으로 한 이 소설은 대하드라마로도 반복해서 제작, 방영되고 있다. 이 소설은 "나라(국민) 전체가 눈앞에 있는 구름(꿈, 목표)을 바라보며 근대화의 언덕을 기어오르고, 목표를 향해 돌진하는 모습"을 그리고 있다. 그들의 '목표(구름)'는 청일전쟁을 거치고 러시아를 격파하면서 서양 열강과 함께 아시아 침략의 제국주의로 나아가는 것이었다. 최근 일본의 우경화는 그들의 꿈, 즉 언덕 위의 구름을 향한 환상이 끝나지 않았음을 보여주는 것인지 모른다.

한편 러시아는 동양의 소국 일본에게 진 이 전쟁을 가장 굴욕적인 전쟁으로 인식하고 있다. 제2차 세계대전 말 스탈

린은 대일전에 참전하는 병사들에게 "러일전쟁의 복수를 하라"고 격려했다는 에피소드가 있을 정도다. 1945년 8월 9일, 러시아(당시 소련)는 전격적으로 대일본전에 침가한다. 러시아는 만주·사할린·쿠릴열도를 점령하고, 일본인 약 100만 명 이상(주로 만주에 있던 관동군)을 포로로 잡아 시베리아에서 가혹한 노동을 강요했다. 이들 중 15퍼센트 이상이 사망했다고 하나, 약간은 불분명하다. 1956년까지 시베리아로부터 47만 명이 귀환했다. 러시아와 일본은 쿠릴열도를 둘러싼 영유권 문제가 해결되지 않아 전쟁을 종결하는 평화(강화)조약을 체결하지 못하고 있다. 러시아와 일본의 전쟁은 끝나지 않은 것이다.

러일전쟁 발발 10년 전에 청일전쟁이 있었다. 러일전쟁과 청일전쟁은, 전쟁 상대국이 청국에서 러시아로 바뀌었을 뿐 모든 면에서 매우 닮았다. 이 두 전쟁에서 한국(조선)은 일본으로부터 동맹을 강요받았고, 이 두 전쟁을 통해 일본의 식민지로 전락하게 된다. 제삼국들끼리의 전쟁과 외교에 의해 국가의 운명이 결정되는 제국주의 시대 약소국 운명의 전형적인 사례다.

이 점에서 러일전쟁은 근대 한국 역사에서 가장 중요한 사건이다. 그럼에도 한국에서는 이 전쟁을 러시아와 일본의 전쟁으로만 파악하고 제삼자적인 객체의 입장에서만 바라

보았을 뿐으로, 우리의 입장에서 바라보는 연구가 거의 이루어지지 않고 있는 듯하다. 이러한 경향을 감안해서 이 책에서는 한국(조선)·일본·러시아의 역학 구조 속에서 러일전쟁의 전모를 살펴보고자 한다.

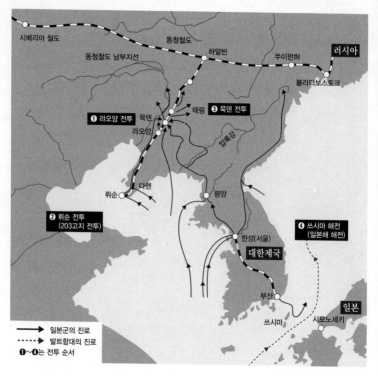

시베리아 철도
동청철도
동청철도 남부지선
하얼빈
쑤이펀허
러시아
블라디보스토크
❶ 라오양 전투
묵덴
테링
❸ 묵덴 전투
라오양
압록강
뤼순
다롄
평양
❷ 뤼순 전투
(203고지 전투)
❹ 쓰시마 해전
(일본해 해전)
한성(서울)
대한제국
부산
일본
쓰시마
시모노세키

→ 일본군의 진로
┅▶ 발트함대의 진로
❶~❹는 전투 순서

러일전쟁 흐름도

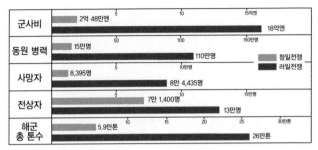

청일전쟁과 러일전쟁 비교(일본)

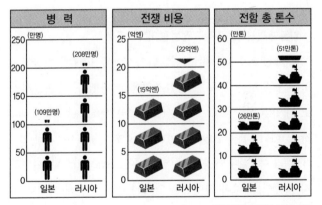

러시아와 일본의 전력 비교

1. 일본은 항상 러시아가 두려웠다:
근대 일본과 러시아

일본과 러시아는 아직도 전쟁 중이다

1951년 9월 8일 미국 샌프란시스코에서 48개 연합국이 일본과 전쟁을 끝내는 평화조약에 서명했다. 샌프란시스코 대일평화조약(또는 샌프란시스코조약, Treaty of Peace with Japan)이다. 러시아(1991년 이전의 소련도 이 책에서는 구분 없이 러시아라 부르겠다)와 인도는 서명식에 초대받았으나 서명하지 않았다. 중국과 타이완은 영국과 미국의 견해 차이로 초대받지 못했다. 한국은 참여를 원했으나 일본의 반대로 제외되었다.

러시아는 영국과 미국이 준비한 강화조약 초안에 반대했

다. 조약 체결일인 1951년 9월 8일 러시아 외무차관보 안드레이 그로미코(Andrey A. Gromyko)는 반대 연설을 하고 서명을 거부했다. 그는 연설에서 일본의 군대 창설을 막을 장치가 없고, 중국이 초대받지 못했으며, 러시아와 협의를 거치지 않았고, 미국이 러시아를 봉쇄하기 위해 일본을 기지로 삼았다는 등의 이유를 들었다.

러시아와 일본은 1956년 10월 19일이 되어서야 종전에 관한 선언에 서명하고 외교 관계를 복원했다. 이 선언은 전쟁을 끝내는 평화조약이 아니기 때문에 국제법적으로 지금도 일본과 러시아는 총성은 멈추었으나 전쟁 상태에 있는 셈이다. 일본이 말하는 이른바 '전후 처리'가 끝나지 않은 것이다(북한도 마찬가지다).

일본과 러시아가 전쟁 상태를 끝내지 못한 현실적인 이유는 영토 문제에 있다. 전쟁을 끝내기 위해서는 기본적으로 상호 영토의 범위가 확정되어야 하나, 일본과 러시아 사이에는 러시아가 대일전에 참전하면서 점령한 홋카이도에 인접한 (남)쿠릴열도(일본명 치시마열도千島列島) 최남단에 있는 4개 섬에 대한 영유권 문제가 해결되지 않고 있다. 일본은 러시아가 실효 지배하고 있는 시코탄(色丹)·하보마이(齒舞)·에토로후(擇捉)·구나시리(國後) 등 이 4개 섬을 북방 영토라 하며 반환을 요구하고 있다. 이러한 현실적 이유와, 러일전쟁을 전후한 양국 간의 적대 의식 등으로 러시아는 일본인이 가장 싫어하는 국가의 반열에 올라 있다.

일본이 접한 최초의 서양·백인 국가

근대에 들어서 일본과 러시아는 어떤 과정을 거쳐 접촉했을까. 접촉 과정에서 형성된 상대국에 대한 이미지는 양국 관계를 규정하는 요인으로 작용하기도 한다. 일본에 처음으로 러시아에 대한 정보를 전한 사람은 러시아와 적대 관계에 있던 헝가리인 정치범이었다고 한다. 반러시아 활동으로 캄차카에서 유형을 살던 모리츠 베뇨프스키(Móric Benyovszky)는 1771년 그곳을 탈주해 일본으로 향했다. 그는 나가사키의 네덜란드 상관장(商館長)에게 보낸 편지에서 러시아가 홋카이도를 점령하기 위해 쿠릴열도에 군사 기지를 만들고 있다고 했다. 이 사실은 막부(幕府)에 알려지고, 이를 계기로 지식인을 중심으로 러시아 경계론이 확산되기 시작한다. 일본은 러시아를 잠재적 침략자로 인식하게 된 것이다. 일본인의 러시아에 대한 첫인상이다.

일본은 1633년 쇄국령을 내리고 조선(대한제국 이전은 조선, 그 이후는 한국이라 함), 중국, 네덜란드를 제외하고는 외국과의 접촉과 무역을 금했다. 조선과의 접촉은 쓰시마(對馬), 중국과의 통상은 나가사키항으로 한정하고, 네덜란드와의 접촉은 나가사키항의 인공 섬인 데지마(出島)로 제한했다. 이러한 상황에서 1792년 10월 러시아는 일본인 표류자 송환과 함께 통상을 요구해 왔다. 러시아는 일본에 개국을 요구한 첫 '서양' 국가다. 1804년에는 니콜라이 레자노프(Nikolai P. Rezanov)가 국서를 가지고 일본에 국교 수립을 요청한다. 일본은 러시아의 요구를 거부하고 쇄국을 유지한다.

그 후 1840년 아편전쟁의 발발 등으로 열강의 동아시아에 대한 문호 개방 압력이 강해진다. 이에 편승해 미국의 페리(Matthew C. Perry) 제독이 1853년 필모어 대통령의 국서를 갖고 도쿄만(東京灣)의 우라가(浦賀)에 입항해 일본에 개항을 요구했다. 압력을 견디지 못한 일본 막부는 다음 해 미국과 화친조약을 체결하면서 쇄국 정책을 폐기한다. 같은 해에 영국과도 수교를 하고, 이듬해 1855년에 러일화친조약을 체결했다. 러시아는 일본과 정식 국교를 맺은 세 번째 국가다.

화친조약은 국교 수립과 함께 종래 국경이 모호했던 사할린과 쿠릴열도의 영유권도 확정했다. 사할린은 종래와 같이 일본과 러시아인이 잡거하고, 쿠릴열도에 대해서는 이투루프섬(択捉島)과 우루프섬(得撫島)의 중간을 경계로 했다. 이때 결정된 이투루프와 우루프섬 사이의 경계를 일본은 고유 국경으로 간주한다. 제2차 세계대전이 종결되면서 러시아가 점령한 우루프섬 이남의 홋카이도에 인접한 4개 섬을 고유 영토로 규정하고 반환을 요구하고 있는 것도 이러한 연유에서다.

러시아의 위협이 메이지유신을 자극했다

러시아는 1853~56년에 전개된 크림전쟁(일명 나이팅게일 전쟁)에 패하면서 영국·프랑스·오스만제국 세력에 막혀 유럽(서방)으로의 진출이 어려워지자, 극동으로의 진출을 적극적으로 모색한다. 이를 남하정책 또는 동방정책이라고 한다.

1858년 우수리강과 아무르강이 합류하는 지점에 하바로프스크시를 건설하기 시작하고, 1860년에는 제2차 아편전쟁의 결과 체결된 베이징조약으로 청국(중국)으로부터 연해주를 할양받는다. 러시아는 전쟁의 당사자가 아니었으나 영국·프랑스와 청국을 중재한다는 구실로 참가한 것이다. 이조약으로 두만강을 경계로 조선도 러시아와 국경을 접하게 되었다. 러시아는 연해주의 하이선웨이(海參崴) 즉 해삼 마을이라 불리던 중국인 어촌을 블라디보스토크로 명명하고, 동방의 거점으로 개발하기 시작한다. 블라디보스토크는 동방을 지배하는 마을이라는 뜻이다.

블라디보스토크 개발로 러시아는 태평양과 동남아시아로 진출할 수 있는 거점을 확보한다. 블라디보스토크항이 기능을 하기 위해서는 사할린과 홋카이도 사이의 라페루즈해협

(일본명 소야宗谷해협), 일본 본토와 홋카이도 사이의 쓰가루해협(津輕海峽), 일본과 조선 사이의 대한해협을 자유로이 통항할 수 있어야 한다. 러시아가 일본과 조선에 관심을 가지기 시작한 이유다.

1861년 3월 러시아 함선이 쓰시마에 입항해 군함 수리장 조차와 연료 및 식료품 제공을 요구했다. 4월에는 쓰시마에 상륙해 선박 수리창과 연병장을 건설하고, 쓰시마 조차를 요구한다. 부동항을 얻기 위해서다. 일본은 조차를 거부할 뿐 속수무책이었다. 영국은 러시아의 해양 진출이 자국의 제해권을 위협한다고 보고, 7월에 동양함대를 쓰시마에 파견해 러시아에게 철수를 압박한다. 세계 최대의 해양 세력인 영국이 세계 최대의 대륙 세력인 러시아를 견제한 것이다. 9월에 러시아는 물러갔다.

러시아의 쓰시마 점령은 일본에 잠재되어 있던 러시아 위협론을 현실화시켰다. 러시아의 침략에 대한 막부의 무기력한 대처는 막부 체제로는 일본의 안전을 지킬 수 없다는 위기의식을 노정했다. 막부 체제의 한계를 보인 이 사건은, 열강의 개국 압력과 함께 메이지유신의 결정적인 촉매제가 되었다고 한다(和田春樹[上], 2010). 미국을 비롯한 서구 국가들의 개항 압력은 통상을 통한 간접적인 것이지만, 쓰시마 점령과 같이 무력을 사용한 러시아의 압력은 일본의 안전을 직접 위협하는 것이었다. 메이지유신은 러시아를 비롯한 서양의 압력으로부터 일본의 독립을 유지하기 위한 국가적 생존 전략이었다. 분권적인 막부 체제의 해체와 통일 국가 형성이 요구되었으며, 근대적인 서양 세력에 대항할 수 있는 문물의 발전(근대화)이 필요했던 것이다. 1868년 1월 3일 왕정복고령을 통해 신정부 수립을 선언함으로써(메이지유신) 천황 중심의 통일 국가 체제를 형성하게 된다. 그 직후 메이지 정부는 러시아 표트르 대제의 개혁 정책을 모방해 근대화 작업에 착수한다. 러시아의 위협을 방어하기 위해 러시아를 모방한 것이다. 상대의 위협을 벗어나기 위해 상대로부터 배운다는 논리는 일본 근대화 과정의 일정한 패턴이다.

표트르 대제는 러시아의 후진성을 극복하기 위해 1697~98년에 15개월에 걸쳐 대사절단을 이끌고 서유럽을 순방한다. 본인은 신분을 숨기고 네덜란드의 최대 조선소 잔담(Zaandam)과 동인도회사 전용 부두에서 4주간 노동을 하면서 조선술을 배울 정도로 서양화에 대한 열망이 강했다. 그후 표트르 대제는 핀란드만과 네바강 어귀의 늪지대에 새로운 도시 상트페테르부르크를 건설하고 1712년에 이곳으로 수도를 옮긴다. 유럽의 창이라 불리는 상트페테르부르크는 표트르 대제의 서양화에 대한 의지를 보여주는 상징물과 같은 것이다.

메이지 정부도 대규모 사절단을 구성해 1871~73년(약 33개월)에 걸쳐 유럽 12개국을 순방한다. 이와쿠라 도모미(巖倉具視)를 단장(이토 히로부미伊藤博文는 부단장 가운데 한 명)으로 해서 정부 요인을 중심으로 구성된 107명의 사절단은 유럽의 근대 문물을 견문한다. 이와쿠라 사절단은 표트르 대제의 대사절단 파견을 모방한 것이라 하겠다.

사절단은 독일을 거쳐 16일간 상트페테르부르크를 견문했다. 순방 결과를 기록한『특명전권대사 미구회람 실기(特命全權大使米歐回覧實記)』에는 러시아 순방에 대한 기술은 상대적으로 적다. 덧붙여 이와쿠라 사절단을 통해 일본의 근대화는 서양을 사정권에 넣고 시작되었으나, 조선과 중국의 근대화는 서양보다는 일본을 시야에 두고 있었다. 일본의 근대화를 원천 기술 습득 과정이라 한다면, 조선과 중국은 2차 기술 습득 과정이라 할 수 있다. 이 차이로 일본은 근대화에 성공하고 조선과 중국은 '실패'하게 되었다고 볼 수도 있다.

1875년 일본과 러시아는 상트페테르부르크조약(쿠릴열도-사할린 교환조약이라고 한다)을 체결해 양국의 국경을 정리했다. 종래 일본인과 러시아인이 혼재하면서 영유권이 확정되지 않았던 사할린은 러시아에 귀속되고, 그 대신 쿠릴열도 전체는 일본 영유로 했다. 같은 해 러시아 해군은 겨울 동안 결빙으로 제 역할을 못 하는 블라디보스토크항의 극동함대의 월동을 위해 나가사키항의 민간 소유지를 임차한다. 이 임차 계약은 1898년 러시아가 랴오둥반도의 뤼순항과 다롄항을 조차하여 부동항을 확보하기까지 유지되었다. 이 땅은 그 후 러시아 영사관으로 사용되었으며, 현재 러시아의 소유로 남아 있다.

시베리아철도는 일본을 위협한다

러시아의 동방 진출은 모스크바를 출발해 우랄산맥을 넘어 블라디보스토크에 이르는 약 9,300킬로미터의 시베리아철도(TSR, Trans-Siberian Railway) 건설과 함께 본격화한다. 시베리아철도는 상트페테르부르크-모스크바 간 철도가 완성되고 1885년에 계획이 발표되었다. 그러나 경제적인 이유로 착공이 늦어져 1891년 8월 러시아-프랑스 협약이 체결되고 프랑스로부터 차관을 제공받고서야 착공이 가능했다. 시베리아철도는 유럽 러시아와 극동 러시아, 즉 유럽과 아시아를 육로로 연결하는 루트로서 세계적 관심사였다. 러시아의 시베리아철도 구상은 철도를 이용해 육군을 신속하게 극동으로 전개하면 아시아 전체에 영향력을 확대할 수 있다는 판단에서 나온 것이다. 대륙국가 러시아가 영국처럼 해군력을 강화해서 지정학적 조건을 살리기는 어려웠기 때문이다.

당시까지 아시아와 유럽을 연결하는 루트는 바다였다. 유럽 러시아로 불리는 러시아 서부에서 극동 러시아로 이동하는 러시아인들도 육로가 아닌 바다를 주로 이용했다. 흑해의 오데사항을 출발해 수에즈 운하, 아덴, 싱가포르, 홍콩, 나가사키를 거쳐 블라디보스토크에 이르는 루트다. 1805년 트라팔가르 해전에서 넬슨 제독이 무적함대라 불리던 에스파냐와 프랑스의 연합 함대를 격파한 이후 영국은 제해권을 확보하면서 세계적 패권을 구사하고 있었다. 이 제해권으로 영국은 유럽 국가들의 아시아 진출을 제어하면서 세력을 확장해 갔다.

유럽과 아시아를 육로로 연결하는 시베리아철도는 유럽과 아시아를 연결하는 새로운 루트의 출현이며, 영국의 제해권을 축으로 한 국제 질서에 변화를 초래하게 된다. 예를 들면 1879년의 카스피철도(중앙아시아철도) 건설은 영국의 중앙아시아 및 인도 식민지를 압박하고, 그 연장인 시베리아철도는 아시아 일대의 영국 세력을 위협하게 되는 것이다. 이를 둘러싼 영국과 러시아의 세계적인 패권 경쟁을 '그레이트 게임(The Great Game)'이라 한다.

시베리아철도 건설 구상은 군사적 측면에서 일본에도 큰 영향을 미친다. 일본 육군의 아버지라 일컬어지고 이토 히로부미와 쌍벽을 이룬 야마가타 아리토모(山縣有朋, 후에 총리)는 일찍부터 시베리아철도로 인한 러시아 위협론을 강조했다. 육군원수로서 내무대신으로 있던 그는 1888년 1월 군사 의견서에서 시베리아철도 건설은 아시아에서 영국과 러시아의 대충돌을 가져올 것이라고 경고한다. 그리고 시베리아철도가 완성되면 조선에 대한 러시아의 영향이 커지고, 이는 곧 일본의 안전을 위협하게 된다고 강조했다. 이를 방지하기 위해 군비를 증강하고, 일본과 중국이 공동으로 조선을 중립화해야 한다고 주장했다(大山梓 編, 1966). 그의 논리에 따르면 일본을 위협하는 세력은 청나라가 아니라 러시아이며, 이에 대응하기 위해 일본은 조선 문제에 적극 개입해야 한다는 것이다. 1893년 10월의 군비 의견서에서는 시베리아철도가 조선, 몽골, 중국 본토에까지 영향을 미칠 것이기 때문에 군사력을 강화해야 한다고 역설했다.

이러한 그의 주장은 총리가 된 직후 1890년 3월 내각에 제출한 「외교정략론」이라는 의견서에서 유명한 '주권선'과 '이익선' 개념으로 이론화된다. 국가의 주권이 미치는 범위 즉 국경(영토)을 주권선이라 하고, 주권선의 안전에 밀접한 관계를 지닌 주변 지역을 이익선이라 규정한다. 그리고 국가의 안전을 위해서는 이익선을 지키고 확보해야 하는데, 조선은 일본의 이익선이라고 선언한다(大山梓 編, 1966). 이러한 그의 인식은 11월의 제1회 의회의 시정 연설에서 이익선과 주권선을 지키기 위해서는 "거대한 금액의 육해군 경비"가 필요하다는 군비 확장론으로 이어진다. 조선을 확보하기 위해서는 군사력이 필요하다는 것이다. 이후 조선은 일본의 이익선 즉 군사적 안전판으로 각인된다. 야마가타의 이익선 논리의 근저에는 기본적으로 시베리아철도 건설로 본격화하는 러시아의 영향력 확대에 대한 우려가 자리하고 있다. 일본에게 최대의 적은 중국이 아닌 러시아이며 이를 저지하기 위해 조선이 필요하다는 논리다.

이후 일본이 끊임없이 조선에 영향력을 확장해 식민지화의 길을 걷는 것도 이러한 주권선과 이익선의 논리에 입각한 것이다. 조선의 안전이 일본의 안전이라는 인식은 일본의 조선 침략을 자위(自衛)의 수단으로 여기게 하면서 침략의식을 희석시킨다. 근대 일본이 아시아로 침략을 확대해 가는 과정 역시 이익선과 주권선을 지역적으로 확대한 순환논리의 귀결이다. 다시 말하면 영토(식민지)를 확장하고, 그에 따른 이익선 즉 세력권을 확대해 가는 것이다.

러시아 황태자 니콜라이 2세를 저격하다

같은 시기 러시아 황태자 니콜라이 2세는 세계를 일주하고 있었다. 그리스·이집트·인도·중국 등을 거쳐 마지막에 일본을 방문한다. 시베리아철도의 극동 지구 기공식 참석차 블라디보스토크에 가는 도중 일본에 들른 것이다. 황태자는

1891년 4월 27일 나가사키에 도착했고, 가고시마·고베 등을 거쳐 5월 10일 교토에 여장을 풀었다. 다음 날 일본 최대의 호수인 비와호를 구경하고 돌아오는 길에 오쓰라는 곳에서 경비를 맡고 있던 쓰다 산조라는 경찰관이 사벌(sabel)로 황태자를 찌르는 사건이 발생한다. 오쓰 사건이라 불리는 러시아 황태자 암살 미수 사건이다. 황태자는 우측 머리에 9센티미터의 상처를 입었고, 평생 두통에 시달렸다고 한다.

사건이 발생하자 일본은 러시아가 선전포고나 배상 등으로 보복할 것이라는 긴박한 분위기에 휩싸였다. 1861년에 러시아의 쓰시마 점령을 경험한 일본은 메이지유신 이후 최대의 위기를 맞은 것이다. 사건 다음 날 천황은 황태자가 치료를 받고 있는 호텔을 찾아 사죄한다. 1주일 후에는 황태자가 요양하고 있는 고베항에 정박 중인 러시아 군함을 찾아 다시 사죄한다. 납치 위험을 이유로 군함 방문을 반대하는 목소리도 있었으나, 일본의 안위를 위해서는 불가피했다. 일본 국민들은 길거리에 나와 무릎을 꿇었고, 학교는 휴교를 하고 전국의 신사와 절에서는 황태자의 쾌유를 비는 기도회가 진행되었다. 어물 도매상 직원인 하타케야마 유코라는 27세의 여성은 황태자에 대한 사죄의 유서를 남기고 교토부 청사 앞에서 자결했다.

주일 러시아 대사는 범인의 처형을 요구했고, 일본 정부도 사형시키기로 방침을 정한다. 문제는 형법에 일본 황실에 위해를 가한 자는 대역죄로 사형에 처하도록 되어 있으나, 니콜라이 2세는 일본 황태자가 아니라는 점이었다. 정부는 일본 황태자에게 위해를 가한 것으로 간주해 사형 판결을 내리도록 고지마 고레카타(兒島惟謙) 최고재판소장(대법원장)을 압박한다. "나라가 있고 법이 있다. 법을 엄히 지켜 나라가 망하면 무슨 의미가 있느냐?"라는 논리였다. 고지마는 "형법에도 없는 죄명을 적용해 처벌하면 일본은 법치주의를 모르는 야만국이 된다"며 거부했다. 그러자 헌법 제정자이며 귀족원 의장인 이토 히로부미는 계엄령을 선포해서 그를 처형해야 한다고 했으며, 납치해 총살에 처해야 한다는 대신도 있었다. 모두가 러시아의 보복을 두려워한 행동이었다. 그는 일반 살인미수죄를 적용받아 무기징역에 처해졌고, 두 달 후 폐렴으로 옥사했다. 외무대신, 내무대신, 사법대신이 책임을 지고 사임했다.

러시아는 일본에 보복하지 않았고, 사건 당시 현장에서 범인을 잡는 데 도움을 준 황태자의 인력거꾼에게는 훈장과 함께 상금과 평생 연금을 제공했다. 이 사건은 국제적으로 일본 사법부에 대한 신뢰를 높였고, 일본은 문명국가라는 평가를 받았다. 불평등 조약 개정도 탄력을 받는다. 일본 방문을 마친 니콜라이 황태자는 블라디보스토크에 들러 5월

30일 시베리아철도위원회 위원장으로서 시베리아철도의 동쪽 출발지인 블라디보스토크에서 하바롭스크를 연결하는 우수리철도 기공식을 가졌다. 일본에서 저격을 당한 후 곧장 일본이 가장 우려하는 시베리아철도 기공식을 가진 것이다. 그는 1894년 아버지 알렉산드르 3세의 갑작스런 죽음으로 그 뒤를 이어 26세의 나이로 제위에 올랐고, 1904년 러일전쟁을 치르게 된다.

2. 러시아는 조선의 적인가 우방인가

러시아를 통해 중국과 일본을 제어하자

시베리아철도 건설과 병행해 러시아의 동방(남하) 정책도 활발해진다. 1860년 베이징조약으로 연해주가 러시아 영토로 되면서 조선과 러시아는 국경을 접하게 되었다. 시베리아철도 계획 발표와 거의 같은 시기인 1884년에는 한-러 수교가 이루어진다. 이후 러시아는 조선 외교에서 중요한 행위자로 작용한다.

1876년의 조일수호조규(강화도조약) 이래 조선에 대한 일본의 영향력이 커지는 가운데, 1884년 김옥균 등 개화파는 일본의 지원을 받아 근대 자주 국가 수립을 목표로 갑신정변을 일으킨다. 중국의 빠른 개입으로 정변은 삼일천하로 끝났다. 정변을 지원한 일본의 영향력도 급격히 약화되고, 중국의 영향력은 한층 더 강화된다. 이러한 상황을 타개하기 위해 일본의 제안으로 1885년 4월 이홍장(李鴻章)과 이토 히로부미는 텐진조약을 체결한다. 한반도로부터 청일 양국군이 철수한다는 것이 주 내용이다. 일본은 갑신정변 실패로 한반도에서 세력이 약화되자 청국군 철수를 통해 균형을 유지하려 한 것이다. 결과적으로 청일 양국군이 철수하면서 한반도에는 군사적 공백 상태가 발생했다.

이러한 상황에서 조선은 중국과 일본의 영향력을 견제하기 위한 제3의 세력인 러시아에 관심을 가진다. 1885년 러시아에 영흥만을 조차해주고 러시아 군사 교관을 초빙하는 이른바 한러밀약이 추진된다. 텐진조약으로 청국과 일본의 군사적 공백이 발생한 틈을 이용해 조선 정부가 러시아와 관계를 강화하여 청일 양국의 영향력을 배제하려 한 것이다. 러시아로서도 남하 정책을 위해서는 부동항 획득과 함께 한반도에서의 영향력 확대가 필요했다.

러시아의 이러한 움직임에 영국이 민감하게 반응했다. 시베리아철도가 완공되면 유럽과 아시아를 연결하는 또 하나의 루트가 생기면서 영국의 제해권은 상대적으로 영향력이 줄어든다. 러시아의 움직임에 대항하기 위해 1885년 3월 영국의 동양함대는 거문도를 점령한다. 러시아가 한반도에 영향력을 확대하면 제해권을 통해 러시아를 봉쇄하기 위해서였다. 러시아가 조선에 부동항을 가지면 블라디보스토크의 극동함대가 해양으로 나오는 길이 열리게 되고, 영국의 제해권이 위협받기 때문이다. 러시아도 영국이 거문도에서 철수하지 않으면 조선의 다른 섬을 점령하겠다며 대항했다. 이러한 상황에서 한러밀약은 더 이상 진전을 보지 못하고, 중국의 중재로 영국도 22개월 만에 거문도에서 철수한다.

이 사건을 계기로 중국의 조선에 대한 압박은 더 커지게 된다. 1885년 11월 중국(청)이 주차조선총리교섭통상사의(駐箚朝鮮總理交涉通商事宜)로 파견한 위안스카이(袁世凱)는 한러밀약을 구실로 고종의 폐위를 획책하기도 한다. 마치 식민지 총독처럼 군림한 것이다. 당시 위안스카이는 영문 직함으로 'Resident'를 사용했는데, 1905년 이토 히로부미가 조선 통감으로 부임했을 때의 직함도 'General Resident'였다. 톈진조약 체결로 청국과 일본의 군대가 철수하면서 군사적 영향력은 약화되었으나, 청국의 정치적 영향력은 오히려 더 강화되었다. 동아시아가 근대 국제 체제로 이행하는 과정에서 종주권 상실을 우려한 중국이 조선에 대해 전통적 종속 관계를 더 강화하려 했기 때문이다. 조선이 러시아에 대해 관심을 가진 데에는 이러한 역학 관계가 작용한 것이다.

한편, 당시 조선에서는 러시아에 대한 두 가지의 '굴절'된 인식이 확산되고 있었다. 하나는 공로론(恐露論) 또는 공아론(恐俄論)으로 불린 러시아 공포론이며, 또 하나는 러시아 제휴론이다. 러시아 공포론은 당시 일본에서 형성되고 있던 인종주의와 러시아 위협론이 그대로 수용된 측면이 있다. 근대에 들어 국제 관계에 관한 대부분의 정보는 일본을 통해 유입되어 조선에 확산되었다. 1880년 김홍집이 제2차 수신사로 일본에 가서 가지고 온 황준헌(黃遵憲)의 『사의 조선책략(私擬朝鮮策略)』이 큰 영향을 미쳤다. 『사의 조선책략』의 핵심은 "친(親)중국, 결(結)일본, 연(聯)미국"하여 러시아의 침입을 막아야 한다는 내용으로, 러시아 위협론을 강조한 것이다.

러시아 위협론이 확산하는 가운데 집권층을 중심으로 외교 전략의 관점에서 러시아 제휴론도 중요시되었다. 한반도에서 청국과 일본 등 특정 국가의 영향력을 제어하기 위해서는 제3의 국가와 제휴해야 한다는 발상이다. 여기에는 조선이 역사적으로 러시아와 관계를 가진 적이 없었기 때문에 러시아가 중국이나 일본처럼 조선을 속국이나 보호국으로 하려는 시도도 없었다는 인식이 작용했다. 러시아 제휴론에는 묄렌도르프(Paul G. von Möllendorff) 등 외국인 고문들의 영향이 컸다. 그들은 조선이 독립을 유지하기 위해서는 다국 간의 세력 균형 메커니즘을 만들어야 한다고 강조했다. 조선으로서는 일본과 청국이 아닌 러시아와의 제휴를 통해 제3의 길을 모색하려는 것이었다. 이러한 점에서 남하 정책을 전개하고 있던 러시아와 조선의 이해는 일치한다.

일본은 랴오둥반도를 포기하라

1894년 2월 발발한 동학혁명을 계기로 7월 25일 일본은 청일전쟁을 도발했다. 전쟁 발발 직전 일본군은 조선 왕궁을 점령한다. 그리고 중국과의 관계를 폐기하고 일본에 협력하라고 강요했다. 조선은 사실상 일본의 전시 체제 아래에 놓이게 된 것이다. 8월 20일 (한일) '잠정합동조관' 체결을 통해 일본은 "조선의 내치를 바로잡고" 철도·전신·개항장과 같은 이권을 확보한다. 그리고 8월 27일에는 '대조선대일본양국맹약(大朝鮮大日本兩國盟約)'을 체결해 대중국 군사동맹을 성립시킨다. 이를 통해 조선은 일본과 함께 중국을 '적'으로 삼게 되었고, 조선에 대한 중국의 종주권은 완전히 없어졌다. 또 양국맹약 제2항 "조선은 일본 군대가 진퇴할 때 양식 등 많은 사항을 미리 준비해 반드시 편의 제공에 진력해야 한다"는 규정에 따라 조선은 식량과 보급 등을 담당하는 병참 기지가 된다. 자동차 등이 없던 시대에 식량 제공과 군수 물자 운반을 위한 인력 동원은 전쟁 수행의 핵심이다. 한반도에 대한 일본의 이러한 조치들은 러일전쟁 때도 그대로 반복된다.

한편 러시아는 다른 열강과 마찬가지로 청국의 승리를 예상하면서도 한반도에 대한 일본의 영향력 확대를 예의주시했다. 청일전쟁 발발 직전 일본군이 한반도에 상륙하자, 1894년 6월 30일 러시아는 일본군의 철병을 권고한다. 이에 대해 무쓰 무네미쓰(陸奧宗光) 일본 외상은 쇼크를 받았다고 하는데, 7월 2일 이미 전쟁이 시작되었기 때문에 철병할 수 없다고 러시아에 통보한다. 이어서 러시아는 7월 19일에는 외무성 아시아국장 카프니스트가 일본군을 한반도에서 철수하도록 하기 위해 라자레프(Lazaref, 원산)항을 일시 점거할 필요가 있다는 의견을 내기도 한다. 러시아가 원산항을 점령하는 등 일본을 좀 더 강하게 견제했다면 청일전쟁은 피할 수 있었을 것이라는 견해도 있다(김용구, 2018).

전쟁의 전개와 함께 일본의 승리가 짙어지자, 러시아는 한반도가 일본의 영향력 아래 들어가고, 일본에 의해 대한해협이 봉쇄당하는 것을 크게 우려한다. 대한해협이 봉쇄되면 블라디보스토크항은 군사적 가치를 상실하고, 남하 정책도 위험해진다. 중국 및 일본 주재 러시아 무관은 "우리는 위험한 친구를 가지게 되었다. 일본은 극동의 운명에 큰 영향을 미칠 새로운 세력으로 태어났다. 일본은 시베리아철도가 완성되기 전에 우리를 위협할 힘을 가지려 할 것이다"라는 취지의 보고서를 본국에 보내면서 극도의 경계심을 보였다(和

田春樹[上], 2010).

1895년 3월 시모노세키 강화 회의에서 일본이 중국에 랴오둥반도 할양을 요구하면서 러시아의 우려는 현실이 된다. 러시아는 구미 각국과 함께 일본과 중국에 대해 이에 대한 우려를 전했으나, 러시아의 의견은 무시되고 4월 17일 시모노세키강화조약이 체결된다. 시모노세키강화조약 체결 6일 후인 4월 23일 저녁, 주일 러시아 공사가 독일·프랑스 공사와 함께 하야시 다다스(林董) 외무차관을 방문해 뤼순항, 다롄항을 포함한 랴오둥반도를 중국에 되돌려줄 것을 요구한다. 이른바 삼국간섭이다. 랴오둥반도를 일본이 차지하면 중국 수도 베이징을 위협하게 되고 조선의 독립을 위태롭게 만들어 극동의 평화를 해친다는 것이 이유였다. 랴오둥반도는 지리적으로 한반도와 베이징을 동시에 압박할 수 있는 위치에 있으며, 특히 뤼순항, 다롄항은 만주로 들어가는 길목에 해당하는 전략적 요충지로서, 부동항을 얻기 위한 러시아 남하 정책의 목표점이기도 했다.

러시아·프랑스·독일이 일본을 견제한 데에는 이유가 있다. 러시아의 입장에서는 일본이 랴오둥반도를 거점으로 삼아 한반도와 (남)만주로 세력을 확대하면 남하 정책의 전개가 불가능해진다. 그렇게 되면 시베리아철도의 가치도 반감되면서 중국(만주)과 한반도에 대한 영향력 확대도 어려워진다. 아프리카 등 식민지 분할에서 소외된 후발 산업국 독일은 마지막 비식민지 지역으로 남아 있는 중국 진출을 위해 일본의 세력 확장을 저지할 필요가 있었다. 프랑스는 1894년에 러시아와 군사동맹 조약을 체결하고 있을 뿐만 아니라, 시모노세키조약에서 타이완을 확보한 일본이 세력을 키우게 되면 인도차이나반도의 프랑스 식민지가 위협받는다. 삼국은 일본의 팽창을 제어할 필요가 있는 것이다.

일본은 미국·영국·이탈리아의 도움을 받아 삼국에 대항하려 했으나, 일본의 과도한 영향력 확대를 반기지 않은 이 나라들은 소극적이었다. 일본은 뤼순·다롄을 제외한 나머지 지역을 반환하는 타협안을 러시아에 제시했으나 거절당한다. 일본은 삼국을 상대로 전쟁을 하거나, 랴오둥반도를 포기할 수밖에 없다. 이들 세 나라를 상대로 또 전쟁을 하는 것은 불가능하다. 일본은 5월 4일 삼국의 요구를 전면적으로 받아들이기로 결정한다. 중국으로부터 3,000만 냥(4,500만 엔)의 배상금을 받고, 1895년 말까지 랴오둥반도에서 철병하기로 결정했다.

삼국간섭은 인종주의인가

삼국의 간섭에 굴복해 랴오둥반도를 반환한다는 소식에 일본 국민은 "피 흘려 전쟁에서 얻은 승리를 외교에서 빼앗졌다"며 경악했다. 정부가 삼국의 압력에 굴복해 랴오둥반도를 반환하기로 한 데 대해 분개한 것이다. 초등학생조차 눈물을 흘렸다고 할 정도다. 일본의 대표적인 의회주의자로 평가받는 오자키 유키오(尾崎行雄)는 1896년 1월 의회에서 삼국간섭에 굴복한 것은 "천고(千古) 미증유의 대굴욕"이며, "외교관의 실책으로 모든 전공(戰功)을 완전히 무(無)로 돌리는 선례"를 만든 정부가 국민의 분노를 억압하고 있다며 강하게 비판했다. 즉 전쟁에 이기고 외교에 졌다는 말이다.

이러한 분위기를 반영해 천황은 5월 10일 랴오둥반도 반환에 대한 조칙을 발표한다. "일본이 청국과 싸운 것은 동양 평화를 위해서였으며, 러시아·독일·프랑스 삼국도 동양 평화를 생각해 충고를 한 것이다. 또 시국을 어렵게 하고 국민 생활을 힘들게 해서 국운 신장을 방해하는 것은 바람직하지 않다. 그래서 정부에 랴오둥반도 반환을 명했다. 국민들은 평화를 도모하기 위한 의도를 이해하고, 시국을 대국적으로 깊이 생각해 국가 대계에 잘못이 없도록 하기 바란다"는 내용이다.

삼국간섭은 일본에게 러시아에 대한 적개심을 각인시키는 결정적 계기가 되었다. 전통적으로 위협세력으로 인식하고 있던 러시아가 주도했다는 점에서 더 충격이었다. 이때부터 '와신상담'은 일본 국민의 슬로건이 되고, 러시아를 향한 군비 강화의 심리적 기반이 된다. 일본은 청일전쟁 배상금의 약 88퍼센트에 해당하는 금액을 군사비로 투입한다. 청일전쟁 배상금이 없었다면 일본이 러일전쟁을 감행하기는 불가능했다는 의미다. 일본은 러일전쟁 때까지 연평균 국가 예산의 약 40퍼센트 이상을 군사비에 투입해 병영 국가 체제를 갖추어 간다. 이 수치는 제2차 세계대전 당시 일본이 지출한 군사비 비율보다 높다(야마다 아키라, 2019).

삼국간섭이 서양의 백인 국가들에 의해 이루어졌다는 점에서는 이를 인종주의적인 황화론(黄禍論, 황인종 위협론)의 입장에서 받아들이는 경향도 강했다. 황화론이 직접 삼국간섭을 촉발했는지에 대해서는 의문이다. 시기적으로 삼국간섭을 전후해서 서구에서 황화론이 제기되기 시작했다는 점에서 삼국간섭이 인종적 편견으로 받아들여졌을 가능성은 있다. 삼국간섭 한 달 전인 3월 25일과 27일에 러시아 외교관을 면담한 자리에서 마르샬(F. Marschall) 독일 외상은 "황색 인종(일본과 중국-인용자) 연합은 위험하다. 유럽 열강에 대항하는 것은 황색 인종의 이해가 일치한다"고 경계심을 표했다. 삼국간섭 사흘 후인 4월 26일에는 독일 황제 빌헬름 2세가 러시아 황제 니콜라이 2세에게, "일본에 맞서 유럽의 이익을 지키기 위해 유럽이 연합해서 행동하도록 주도한 데 대해 감사한다. …… 아시아 대륙을 개척해 거대한 황색 인종의 공격으로부터 유럽을 지키는 것이 장래 러시아의 위대한 임무인 것은 명백하다"는 내용의 서한을 보냈다(飯倉章, 2013). (니콜라이 2세의 황후 표도로브나는 빌헬름 2세의 이종사촌이다.)

삼국간섭은 그 후 일본 외교를 세련화하는 계기가 되었다. 열강의 이해관계가 첨예하게 대립하고 있는 제국주의 시대에 어느 한 국가의 이익 획득은 직간접적으로 다른 열강에 영향을 미치게 된다. 이 때문에 이권의 획득과 상실은 반드시 당사국의 관계만으로 결정되는 것은 아니다. 라오둥반도 할양도 당사국인 일본과 중국에 의해서만 결정되는 것은 아니었다. 삼국간섭은 일본에게 이러한 제국주의 시대 국제 사회의 본질을 인식하게 하는 계기로 작용했다. 러일전쟁에 앞서 일본이 영일동맹을 체결하고, 한국 병합에 앞서 열강으로부터 승인을 받는 등의 조치를 취한 이유도 여기에 있다고 하겠다.

늑대를 쫓아내니 호랑이가 들어왔다

삼국간섭은 조선에도 큰 영향을 미쳤다. 러시아 주도로 이루어진 삼국간섭에 일본이 굴복하면서 조선에서 러시아의 존재감이 부각되었다. 청일전쟁으로 조성된 반일 감정도 상대적으로 러시아에 대한 호의로 작용했다. 프랑스 공사도 조선 정부에 러시아와의 제휴를 촉구했다. 이런 상황을 배경으로 민비(후에 명성황후)는 적극적으로 러시아에 접근했으며, 한반도에서 러시아 세력이 강화되었다. 청일전쟁으로 한반도에서 중국의 영향력이 사라지자 러시아가 그 공백을 메우는 형세가 된 것이다. 일본 입장에서는 늑대를 쫓아내니 호랑이가 들어온 꼴이 되어버렸다. 일본은 이러한 형세 변화를, 일찍이 야마가타 아리토모가 지적한 대로, 한반도에 러시아 세력이 강해지면서 일본의 안전에도 바람직하지 않은 상황이 발생한 것으로 여겼다.

러시아도 한반도에서 일본의 영향력이 확대되는 것을 우려했다. 랴오둥반도 반환으로 만주에 대한 일본의 세력 확대는 저지했으나, 한반도에 일본의 세력이 강해지면 만주 및 대한해협을 위협하게 되기 때문이다. 러시아는 시모노세키조약에서 일본이 조선의 독립을 보장했지만, 실질적으로는 일본이 조선의 내정을 장악하고 있다고 비난하면서 조선에 접근을 모색한다.

삼국간섭으로 일본의 국제적 위신이 저하되면서 청일전쟁 중 추진해온 조선의 내정 개혁(갑오개혁)도 동력을 상실하고, 일본의 무리한 이권 요구에 조선 정부도 강한 불만을 토로한다. 5월 3일에는 영국·미국·러시아·독일 공사들이 철도 등의 이권을 일본이 독점하려는 데 대해 조선 정부에 항의하는 등 일본의 대조선 정책에 대한 열강의 경계도 표면화한다. 이노우에 가오루(井上馨) 공사는 본국에 이제 "일본의 독단은 불가능하다"며 귀국 요청을 하고, 6월 6일 조선을 떠난다.

이러한 사정을 반영해 무쓰 무네미쓰 외상은 1895년 6월 3일 이토 히로부미 총리에게 조선 정책의 재검토를 요청한다. 자칫하면 조선 문제도 삼국간섭과 같이 열강의 개입을 초래할 가능성이 있기 때문이다. 일본이 명확한 방침을 결정하지 못하고 있는 사이 대표적인 친일 세력으로 여겨지고 있던 박영효가 7월 6일 일본으로 망명한다. 그리고 7월 12일 고종은 청일전쟁 중 일본 주도로 추진된 각종 개혁을 부정하고, 직접 국정을 펴겠다는 조칙을 발표한다. 청일전쟁 초기 일본의 경복궁 점령으로 박탈된 왕권을 되찾은 것이다. 따라서 일본의 주도로 추진된 갑오개혁도 중단되고, 청일전쟁을 통해 조선을 보호국화하려는 일본의 구상도 좌절하게 된다. 일본은 삼국간섭으로 초래된 열강의 개입을 가장 큰 이유로 들었다(森山茂德, 1987).

이토 총리는 조선에서 일본의 영향력이 줄어들 것을 우려해 7월 17일 미우라 고로(三浦梧樓)를 특명전권공사로 조선에 파견한다. 미우라는 이토와 같은 야마구치현(山口縣)의 무사 출신으로 육군 중장까지 올랐으나, 육군 개혁을 둘러싸고 야마가타 아리토모와 대립하면서 군을 떠나 있었다. 미우라는 조선에 부임하기 전 정부에 조선 정책에 대한 방침을 요청했으나, 명확한 답을 받지 못했다고 한다. 외교관이 아니라 군 출신을 조선 공사로 파견한 것은 무력을 사용해서라도 조선에서 친러시아 세력을 몰아내려는 의도였다고 봐야 할 것이다.

고종, 러시아 공사관으로 가다

미우라 공사는 조선 정부가 일본이 추진한 '개혁'을 중단하고, 한반도에서 일본의 영향력이 줄어든 원인이 조선 정부 내의 친러시아 세력 때문이라고 여겼다. 이에 미우라는 1895년 8월 20일(양력 10월 8일) 왕궁에 침입해 러시아 세력을 끌어들인 장본인으로 지목된 명성황후를 시해한다. 여기에는 공사관 수비대와 무장한 공사관원, 일본 교관이 훈련을 담당한 훈련대의 일부 등이 동원되었다. 국가를 대표하는 외교관(공사)이 주재국의 황후를 살해하는, 세계 역사에 없는 만행은 국제적 비난을 불렀다. 한반도에서 러시아 세력이 확대되는 것이 일본에게 그만큼 위협적이었음을 상징하는 사건이다. 왕국에 있던 러시아인과 미국인이 사건을 목격했으며, 민중들은 아침에 왕궁에서 철수하는 불온한 모습의 일본인들을 발견했다.

미우라를 비롯해 사건 연루자 48명 전원은 영사재판권(치외법권)을 이유로 자국의 군법회의에 회부되었으나, 증거 불

충분으로 모두 석방됐다. 그 후 미우라는 황족과 화족(귀족)의 교육 기관인 학습원의 원장과 천황의 자문 기구인 추밀원 고문관 및 궁중 고문관을 지냈다. 후임으로 근대 일본의 가장 대표적인 제국주의 외교관으로 평가받는 고무라 주타로(小村壽太郎)가 조선 공사로 부임했다. 고무라는 그 후 외무대신(외상)으로서 러일전쟁과 한일병합에서 핵심적인 역할을 담당한다. 한일 간에는 명성황후시해사건에 일본 정부, 즉 이토 총리의 관여 여부를 두고 논란이 있다. 이토의 지시를 직접적으로 입증할 자료는 발견되지 않았다고 하더라도, 이토 정부 때 사건 관계자들이 전원 무죄를 받았다는 사실은 많은 것을 시사한다. 이토는 니콜라이 2세 저격 사건 때에는 계엄령을 선포해서라도 범인을 사형에 처해야 한다고 주장한 사실도 상기할 필요가 있다.

명성황후 시해 사건은 조선 민중과 고종에게 일본의 야만과 침략성을 각인시켰다. 청일전쟁 때 일본군이 경복궁을 점령한 것보다 더 충격적이었으며, 전국적으로 반일 감정을 격화시켰다. 1909년 10월 안중근 의사가 이토 히로부미를 사살한 첫 번째 이유로 '명성황후를 시해한 죄'를 들고 있는 것에서도 이 사건이 조선 민중에게 미친 영향을 가늠할 수 있다. 이러한 분위기 속에서 러시아와의 관계도 급속히 가까워진다. 러시아는 공사관 보호를 명목으로 수병(水兵) 100명을

서울에 파견한다. 친러파 이범진 등은 베베르(Karl I. Weber)
공사와 공모해 1896년 2월 11일 국왕의 거처를 정동에 있는
러시아 공사관으로 옮겼다. 아관파천(俄館播遷, 俄는 러시아)이
다. 황후 시해 사건으로 신변 불안을 느낀 고종은 왕세자와
함께 새벽에 궁녀의 가마를 타고 비밀리에 러시아 공사관으
로 거처를 옮긴 것이다. 국왕의 안전도 장담 못할 정도로 쇠
약해진 조선 정부와 국왕의 퇴영적 모습을 볼 수 있다.

파천 당일 고종은 김병시를 총리대신으로 하고 이범진·
이완용 등을 포함한 친러 내각을 조직한다. 내부대신 유길준
을 비롯한 10여 명은 일본으로 망명하고, 갑오개혁을 추진
한 개혁 세력은 일소되었다. 일본 망명을 거절한 김홍집 총
리대신과 정병하 농상공부대신, 어윤중 탁지부대신은 군중
에 살해당했다. 국왕이 러시아 공사관에 체류하고 있는 1년
동안 모든 정무는 러시아의 수중에 들어가고, 압록강 연안
과 울릉도의 채벌권, 인천 월미도의 저탄소 설치권, 경원·종
성의 광산 채굴권 등도 러시아로 넘어간다. 당시 탁지부고문
알렉세예프(Alekseev)는 조선 정부의 재무장관이나 마찬가
지였다고 한다.

고종의 아관파천은 조선 민중을 각성시키는 계기로 작용
했다. 갑신정변 실패 후 미국에 망명했던 서재필이 돌아와
1896년 4월 한글로 된 「독립신문」을 창간하고, 7월에는 독

립협회가 창설되었다. 근대적 국민의 형성을 통해 국가 독립을 모색하려는 것이다. 이러한 움직임은 러시아 공사관에 있는 고종의 환궁을 재촉하고, 이어서 대한제국의 선포로 연결된다. 고종은 1897년 2월 20일 경비가 용이하고 외국 공사관과 가까운 경운궁(덕수궁)으로 환궁했다. 그리고 칭제건원(稱帝建元)을 받아들이는 형태로 10월 13일 황제 즉위식을 거행한다. 9개 조의 대한국국제(大韓國國制, 헌법)를 반포하고, 광무(光武)를 연호로 하는 대한제국의 국호를 선포했다. '대한(大韓)'은 삼한(三韓)을 통합한다는 뜻이다.

조선은 외세에 의해 국가의 운명이 가장 위태로울 때 '제국(帝國, empire)'을 표방했다. 제국주의 시대에는 제국이어야만 독립국가로서의 존재감을 가질 수 있는 시대적 조류를 반영한 것으로, 독립에 대한 열망의 표현이다. 역설적이게도 고종은 한국 역사상 처음이자 마지막 '황제'다(뒤를 이은 순종도 형식적으로는 황제였으나, 한일병합 후 왕으로 강등되었다).

명성황후 시해와 아관파천 등으로 한반도에서 일본의 영향력은 극도로 위축되었다. 국왕을 자국 공사관에 보호하게 된 러시아의 지배력이 커지면서, 청일전쟁에서 일본이 노렸던 성과도 무위로 돌아가버렸다. 갑신정변 직후 일본 세력이 위축된 상황과 유사하다. 가토 마쓰오(加藤增雄) 일본 영사는 아관파천 후 조선의 상황을 이렇게 보고했다.

국왕은 러시아 공사관에 파천 중이며…… 소위 친일파 세력은 일소되었으며, 러시아는 국왕을 공사관에 보호하면서 궁중과 정부를 조직하도록 하여 우월한 지위에 있을 뿐만 아니라…… 국왕 보호를 명분으로 대포 2문과 200여 명의 육전대가 공사관을 보호하고 있으며, 동양함대는 항상 부산·인천·원산을 왕래하면서 한국에 위림(威臨)하고 있다.

요약하면 러시아가 한국을 장악하고 있다는 것이다. 러시아 세력을 축출하고자 한 명성황후 시해 사건이 아관파천을 초래하면서 한반도 전체가 러시아의 영향 아래에 들어가는 역설적인 상황이 만들어진 것이다. 그러면 러시아는 한국에 득이 될까, 독이 될까?

3. 일본과 러시아 틈새의 한국

민영환과 야마가타, 모스크바를 가다: 니콜라이 2세 대관식

일본은 영향력 회복을 위해 러시아와 협상에 나선다. 러시아는 한국보다 만주에 방점을 두고, 시베리아철도가 완성되어 동아시아에서 군사적 우위가 확보될 때까지는 일본과의 충돌을 피하고자 했다. 이러한 상황을 배경으로 1896년 5월 14일 러시아 공사 베베르와 일본 공사 고무라 주타로는 이른바 고무라-베베르 각서를 체결한다. 양국은 적당한 시기에 조선 국왕에게 환궁을 권유하고, 대신 임명에 관해 충고하며, 조선의 정세가 안정될 때까지 전신선 및 거류민 보호를 위해 한성(서울)·부산·원산 등에 일본군을 주둔시킨다는 내용이다. 이 각서를 통해 일본은 러시아로부터 공식적으로 일본군의 주둔권을 확보하고, 내정에서도 러시아와 함께 일정한 영향력을 행사할 수 있는 여지를 만들었다. 조선 정부와의 상의 없이 러시아가 일본군 주둔을 허용한 것에서 당시 조선에서의 러시아의 위력을 엿볼 수 있다.

1894년 11월 러시아의 알렉산드르 3세가 급서하면서, 1891년 일본 오쓰에서 암살 위기를 맞기도 했던 니콜라이 2세가 아버지의 뒤를 이어 제위에 오른다. 1896년 5월 26일 모스크바에서 니콜라이 2세의 대관식이 열렸다. 대관식은 많은 나라의 사절단이 참여한 국제 정치·외교의 장이었다. 청나라 사절단 대표로 이홍장이 참석하고, 일본은 정계와 군부의 최고 실력자인 야마가타 아리토모도를 보냈다. 고종은 러시아 공사관에 머무르면서 4월 1일 민영환을 대관식에 특사로 파견한다. 그는 러시아에 약 3개월 머문 후 10월 21일 귀국한다.

러시아에 있는 3개월 동안 민영환은 황제를 네 번 알현하고, 이홍장을 만나고, 일본 공사관도 몇 번 방문한다. 그러나 그들 사이에 어떠한 논의가 있었는지에 대해서는 알려진 게 없다. 민영환을 러시아에 파견한 이유는 황실 보호를 위한 러시아군 및 군사 훈련 교관 그리고 재정 고문의 파견, 러시아와의 전신선 가설, 300만 엔의 차관 공여 등을 요청하기 위해서였다. 차관은 갑오개혁을 추진하면서 일본으로부터 빌린 300만 엔을 상환하기 위한 자금일 것이다.

6월 13일 민영환은 로바노프(A. B. K. Lobanov) 외상을 만나 위의 사항을 요청했다. 로바노프는 고종이 원하는 동안 러시아 공사관에 머물면서 보호를 받을 수 있으나, 열강의 반대로 호위 병사 파견은 어렵다고 했다. 또 조선 군대 재건을 위한 200명의 군사 교관 파견 요청은 일본군과의 충돌 가능성 때문에 어려우니 대신에 군사 고문단을 파견하겠으며, 차관과 전신선은 고려하겠다고 답했다(민영환, 2007). 러시아의 기록에 의하면 로바노프는 "언제라도 다른 강대국의 침입 특히 일본의 식민지 야욕으로부터 한국을 보호한다"는 입장을 밝혔다고 하나, 사실상 조선의 요구를 거절한 것이나 마찬가지다. 결국 러시아는 푸차타(Putiata) 대령을 단장으로 한 13명의 교관(장교 2명, 하사관 10명, 군의관과 악장 각 1명)을 파견하는 것에 그쳤다.

민영환 일행이 러시아와 협상을 시작하기 전에 로바노프는 이홍장과 러청비밀동맹조약(러청밀약, 6월 3일)을, 야마가타와는 로바노프-야마가타 협정(6월 9일, Lobanov-Yamagata Agreement)을 각각 체결한다. 그렇기 때문에 민영환과 러시아의 협상은 러청밀약과 로바노프-야마가타 협정을 전제로 해서 이루어질 수밖에 없었던 것이다.

삼국간섭 직후 1895년 7월 러시아는 프랑스와 공동으로 청국에 청일전쟁 배상금 지불을 위한 차관을 결정하고, 이어서 황제 대관식 참석차 러시아를 방문한 이홍장과 밀약을 체결한다(이 사실은 러일전쟁 발발 직후 공개됐다). 주요 내용은 일본이 러시아 극동, 조선, 청국을 공격할 경우, 청국의 모든 항만을 개방하고 양국은 군사 지원을 하며, 헤이룽장(黑龍江)과 지린(吉林)을 통과해 블라디보스토크에 이르는 동청철도(東淸鐵道) 건설과 경영권을 러시아(러청은행)가 갖는다는 것이다. 동청철도 부설권은 삼국간섭과 차관 제공에 대한 대가이다. 주목할 것은 러시아와 청의 군사동맹 범위에 조선을 포함하고 있는 것이다. 민영환과의 교섭에서 러시아 측이 "한국을 보호한다"고 밝힌 것은 이를 두고 한 말이다.

이로부터 6일 후 체결된 로바노프-야마가타 협정은 러일 사이에 한국에 관련한 문제를 담고 있다. 조선의 재정 문제에는 러일 양국이 공동으로 대응하고, 러시아와 일본은 같은 수의 군대를 주둔시키며, 일본은 기존의 전신선을 유지하고 러시아는 서울에서 국경까지 전신선을 가설한다는 등의 내용이다. 비밀 조항으로 필요할 경우 양국은 한반도에 출병할 수 있으며, 양국 군대는 충돌을 피하기 위해 중간에 일종의 비무장 지대를 둔다는 내용도 있다. 이와 관련하여 협상 과정에서 일본은 39도선을 기준으로 한반도를 남북으로 분할할 것을 제의했으나, 조선의 독립을 명분으로 한 러시아의 반대로 성립되지 않았다. 그 대신 주둔 부대 간에 비무장 지대를 두는 것으로 타협이 이루어졌다.

이홍장과 야마가타가 각각 러시아와 체결한 협정의 내용을 살펴보면, 민영환이 러시아에 요청한 위의 내용은 실현될 여지가 거의 없음을 알 수 있다. 약 200명의 군사 교관단 파견은 러시아와 일본이 같은 수의 군대를 주둔시킨다는 조항에 저촉되며, 차관 제공은 일본과 협의해야 하는 사항이다. 민영환의 요청에 대해 러시아가 소극적인 태도를 보인 것은 이 때문이다. 러시아가 조선에 대해 할 수 있는 것은 교관 13명을 파견하는 것이 고작이었다. 다음 해 2월에 고종이 러시아 공사관을 나와 환궁하자 러시아는 10월에 재정고문으로 알렉세예프(Kiril A. Alekseev)를 파견하고, 12월에는 한러은행을 설립하는 등의 조치를 취하긴 했으나, 이것도 곧 철수하게 된다.

문제는 고종이 러시아 공사관에 머물고 있음에도 불구하고 러시아가 조선의 주권과 권익을 해치는 협정, 즉 로바노프-야마가타협정을 체결한 점이다. 이 협정은 러시아의 요청으로 공개되지 않다가, 1년 후 일본의 공개로 알려지게 된다(비밀 조항은 공개하지 않았다). 이러한 러시아의 이중적 태도는 한국 정부가 러시아를 불신하기에 충분했다. 아관파천 이후 사회적으로도 과도하게 커진 러시아의 영향력이 한국의 독립을 위태롭게 한다는 우려가 조성되고, 독립협회를 중심으로 러시아 의존 정책에 대한 반발도 커진다. 이러한 분위기를 반영해 고종은 1897년 2월, 약 1년간 머물던 러시아 공사관을 떠나 환궁한다. 고종의 러시아에 대한 실망의 표현이기도 했다.

베베르-고무라 각서와 로바노프-야마가타 협정을 통해 일본은 청일전쟁 이후 상실한 한반도에서의 정치·군사적 영향력을 러시아와 대등한 정도로까지 회복했다고 평가할 수 있다. 고종이 러시아 공사관에 머물고 있음에도 불구하고 일본이 영향력을 회복할 수 있었던 것은, 러시아의 주된 관심이 만주에 있었을 뿐만 아니라 일본과의 충돌을 피하기 위해 양보한 때문이다.

러시아의 '배신': 뤼순항, 다롄항 조차

그러면 러시아는 중국에 대해서는 영향력을 확대해 가면서, 왜 일본에 대해서는 양보한 것일까. 우선은 고종이 러시아 공사관에 머물러있으면 한반도에 대한 영향력은 유지할 수 있다고 판단했을 것이다. 갑신정변 후 청일 간에 톈진조약이 체결된 상황과 유사하다. 갑신정변의 실패로 조선에 대한 일본의 영향력이 대폭 축소되었기 때문에, 청국은 군사력

없이도 조선에 대해 정치적 영향력을 충분히 발휘할 수 있다고 생각하고, 톈진조약에서 일본군과 청국군의 동시 철수(사실은 청국군의 철수)라는 일본의 요구를 받아들였던 것이다. 로바노프-야마가타 협정에서 필요한 경우 양국은 한반도에 출병을 할 수 있다고 규정한 것도 톈진조약과 유사하다. 무엇보다 중요한 것은 러시아가 조선보다는 일본 및 청국과의 관계, 특히 만주를 더 중요시했기 때문일 것이다. 이는 그 후의 전개 상황에서 추론할 수 있다.

이홍장과의 밀약으로 동청철도 부설권을 확보한 러시아는 1898년 3월에 뤼순·다롄 조차에 관한 러청조약을 체결해 뤼순·다롄을 25년간 조차하고, 동청철도를 하얼빈(哈爾濱)에서 다롄까지 연장하는 동청철도 지선(후에 남만주철도) 부설권을 획득한다. 그 후 1903년에 동청철도 지선이 시베리아철도와 연결됨으로써 러시아는 뤼순·다롄을 포함해 만주 전역을 세력권으로 삼게 된다. 특히 뤼순항, 다롄항의 조차는 블라디보스토크항 대신 월동항(越冬港)으로 사용하고 있던 일본의 나가사키항을 대체하고, 태평양 진출을 위한 부동항을 안정적으로 확보하는 의미가 있다.

원래 러시아는 한반도 동남부의 부동항을 목표로 했으나, 일본을 자극할 수 있고 또 러시아와 거리가 너무 멀다는 점을 고려해 철도 연결이 가능한 뤼순항, 다롄항을 조차한 것이다. 니콜라이 2세는 "부동항과 시베리아철도의 출구를 피한 방울 흘리지 않고 획득한 것은 신의 가호"라고 했다(和田春樹[上], 2010). 뤼순과 다롄을 시베리아철도와 연결함으로써 만주와 한반도, 베이징에 대한 러시아의 영향력이 커지게 되었다. 이것은 청일전쟁에서 일본이 노렸던 것이었으나, 거꾸로 러시아가 이를 차지한 것이다. 바꿔 말하면 일본이 차지해야 할 청일전쟁의 전리품을 러시아가 가져간 꼴이다.

러시아는 한반도와 베이징을 위협하고 동양 평화를 해친다며 일본에게 랴오둥반도 반환을 요구했다(삼국간섭). 그러나 3년도 지나지 않아 러시아가 이 지역을 차지한 데 대해 일본은 굴욕감을 가지고 반러시아 의식을 더욱 강화한다. 일본 국민들은 동양 평화를 빙자한 러시아의 '배신' 행위를 용서할 수 없으며, 전쟁도 불사해야 한다며 적개심을 불태운다.

그러나 일본 정부는 비교적 냉정했다. 전쟁을 할 형편도 아니기 때문에 한반도에서 대가를 보상받으면 된다는 판단이었다. 니시 도쿠지로(西德二郞) 일본 외상은 로만 로젠(Roman R. Rosen) 주일 러시아공사에게 만주와 한반도를 러시아와 일본이 각각의 세력권으로 인정하자고 제안한다. 만주가 러시아의 세력권이 되면 한반도는 일본의 세력권이 되어야 한다는 것이다. 러시아는 일본의 제안을 거절하고, 뤼순·다롄 조차 협정 체결 한 달 후인 4월 25일 도쿄에서 로젠 공사와 니시 외상 사이에 이른바 로젠-니시 협정(Rosen-Nishi Agreement)을 체결한다. 협정은 "양국은 한국의 주권 및 완전한 독립을 확인하고 내정을 간섭하지 않는다"(제1조)고 전제하고, 한국에 고문 등을 임명할 때는 양국이 사전에 협의하고, 러시아는 한국에서의 일본 상공업의 발전을 승인한다는 내용이다. 협정에 한국의 독립, 내정 불간섭, 고문 임명의 사전 협의 등을 포함시킨 것은 로바노프-야마가타 협정의 연장선상에서 한국에서 양국의 지위를 대등하게 규정한 것으로 볼 수 있다.

그 위에 러시아가 한국에서의 일본 상공업 발전을 승인한 것은, 실질적으로 러시아가 한반도에서 일본의 우월적 지위를 어느 정도 인정한 것이다. 이는 니시 외상의 만주와 한반도 세력권 분할 요구를 어느 정도 수용한 것이라 볼 수 있다. 이 협정이 러시아의 뤼순·다롄 조차를 일본이 묵인하는 대가로 성립된 것이라면, 일본과 러시아는 뤼순·다롄과 한반도의 우월권을 상호 교환한 것으로 봐야 한다. 다시 말하면 명시적이지는 않지만 만주에서는 러시아가, 한반도에서는 일본이 영향력을 가지는 일종의 '한만(韓滿, 한반도와 만주) 교환론'이라 하겠다. 이러한 측면에서 보면, 앞서 언급한 바와 같이 러시아가 한국의 지원 요청을 거부한 것은 러시아의 정책적 무게가 한반도가 아니라 만주에 있었기 때문이라고 추론할 수 있다. 물론 그렇다고 러시아가 한반도에 대한 영향력을 포기한 것은 아니다. 뤼순·다롄을 중심으로 만주에 세력을 형성하면 한반도에 대한 영향력도 일정 부분 유지할 수 있기 때문이다.

이러한 상황 속에서 1898년 9월 고종의 러시아어 통역관 김홍륙(金鴻陸)이 관계한 고종 암살 음모 사건이 발각된다. 러시아로부터 높은 평가를 받고 있던 김홍륙이 처형되면서 양국 관계도 악화한다. 이와 같은 경위를 거치면서 대한제국(이후 한국이라 함) 정부의 러시아 의존 정책은 더 이상 유효성을 가지지 못하게 된다. 조선 정부는 러시아의 지원을 거부한다는 뜻을 밝히고, 러시아도 재정 고문과 군사 교관을 철수하고 한러은행도 폐쇄한다.

그 후 러일전쟁에 이르기까지 러시아는 이권을 요구하기는 했지만 한국에 대해 정책적 배려를 한 흔적은 찾기 어렵다. 러시아에 대한 실망으로 조선 정부 내에서는 일본으로의 접근 필요성을 주장하는 움직임도 나타난다. 이러한 관점에서 보면, 결국 러시아는 한국의 독립에 기여하는 세력이 아니라 이권을 획득해 가는 열강의 일원일 뿐이었다고 하겠다. 우방이 아니라 적에 가까웠다.

세력 균형이 한국의 살길인가: 대한제국의 자율성

그러면 러시아가 뤼순·다롄을 얻고 일본이 한반도에서 우월적 지위를 차지하도록 규정한 로젠-니시 협정에 의해 형성된 한반도의 형세를 어떻게 봐야 할 것인가. 한반도에서는 일본이 다소 유리한 위치에 있으며, 러시아는 인접한 만주에 세력을 형성함으로써 한반도에 대한 영향력을 일정 부분 유지했다고 볼 수 있다. 이 점을 고려하면, 한반도에서 양국은 일정한 세력균형을 이루고 있다고 할 수 있다. 이를 반영하여 1899년 9월 1일 자 「런던 타임스」는 "1년 전부터 시작하여 한반도에서 일본과 러시아의 세력이 점차 비슷하게 되었다"고 보도했다.

이러한 세력균형에 대해서는 다양한 해석이 성립한다. 러일 간의 균형으로 한반도는 '러일 양국의 공동 통치 지역' 내지 '공동 보호령'이 되었다는 평가가 있다. 또 이 시점에서 한국은 일본 또는 러시아에 의한 식민지화의 궤도에 올랐으며 러일 양국의 세력 균형 아래서만 명목적 독립을 유지하게 된다는 해석도 있다. 후자의 견해는 그 후의 전개 과정을 한국의 식민지화 도정으로 간주하고, 러일전쟁으로 양국 간의 균형이 깨지면서 한국이 일본의 식민지가 되었다고 본다. 이 관점에서는 러일전쟁에서 러시아가 승리했다면 한반도는 러시아의 식민지가 되었을 것이라는 가설도 성립한다. 일본 쪽에서 한국 식민지화의 필연성을 설명하는 데 자주 이용되는 논리이다. 그러나 이 관점은 그 후의 전개 과정에서 한국의 존재 의의를 간과하고, 중립화 정책이나 광무개혁과 같은 한국의 자주적 노력을 무의미한 것으로 만든다.

기본적으로 러시아와 일본이 잠재적 적대 관계라는 점을 전제로 하면, 공동 통치론 내지 공동 보호령론은 한반도에 형성된 양국의 상호 견제 메커니즘으로 작용한다고 봐야 한다. 그러나 이 메커니즘은 현실적으로는 매우 취약하다. 왜냐하면 대립 관계를 전제로 할 경우 상호 견제 메커니즘은 양국의 경쟁과 갈등을 증폭시키면서 결과적으로 한국에 대한 양국의 지배력을 전체적으로 약화시킬 가능성이 있기 때문이다. 그 후 실제로 양국이 한국의 내정에 적극적으로 개입할 수 없었던 것도 이 때문이다. 앞에서 언급한 로젠-니시 협정의 제1조에서 "양국은 한국의 내정에 일절 간섭하지 않는다"고 한 것은 양국의 상호 견제 메커니즘을 명문화한 것으로 이해할 수 있다.

이러한 상호 견제 메커니즘은 한국의 국가적 자율성을 부각시키는 구도를 낳는다. 양국 간 대립의 간극을 이용해 대한제국 정부는 자주적인 정책을 전개할 수 있는 정치·외교적 공간을 확보할 수 있는 것이다. 1897년 10월의 대한제국 선포와 그 이후의 광무개혁 추진은 이러한 정치적 공간 속에서 가능했다. 갑신정변(1884년)과 갑오개혁(1894년)은 일본과 같은 외세의 영향 아래서 전개되었으나, 광무개혁은 대한제국 정부가 자주적이고 주도적으로 실시한 것이라는 차이에서도 이를 알 수 있다. 고종이 중립화 정책을 검토하기 시작하고, 1899년 12월 한국 최초의 평등 조약인 한청통상조약을 체결한 것도 이러한 사정을 배경으로 한 것이다.

광무개혁은 토지 조사 사업, 경의철도 건설, 서울의 도시 계획, 군사력 강화 등 근대 국가를 위한 다양한 구상을 전개해 일정한 성과를 올렸다는 평가를 받는다. 이 지점에서 만약 러일전쟁이 없었다면 개혁을 통한 근대화는 순조롭게 진척되고 한국은 국가적 독립을 유지했을 것이라는 논의도 가능하다. 그러나 광무개혁은 1903년 이후 거의 중단된다. 재정 문제가 가장 큰 원인이었으나, 1903년 들어 일본과 러시아의 갈등이 첨예해지면서 국가의 독립을 유지하기 위한 외교적 노력에 집중했기 때문이다.

마산포와 압록강이 중요하다

뤼순항, 다롄항은 치명적 약점이 있다. 군항으로서의 뤼순항은 함선이 출입하는 통로가 좁아 입구가 봉쇄되면 내항의 선박은 독 안에 든 쥐가 된다. 또 블라디보스토크와는 한반도를 돌아서 수천 킬로미터 떨어져 있으며, 한반도 북부가 일본의 영향을 받게 되면 이곳은 안전하지 않다. 이런 점들 때문에 러시아 해군은 뤼순항을 탐탁지 않게 생각했다고 한다. 이를 보완하기 위해 러시아 해군은 한반도 동남부로 눈을 돌린다.

1899년 4월 파블로프(Aleksandr I. Pavlov) 주한 러시아 공사가 군함으로 마산포를 방문하고, 5월에는 한국 정부가 마산포를 조계지로 개방한다. 러시아는 조계지 내에 영사관 용지를 확보하고, 선박 회사의 용지로 위장해 조계지 바깥에 표목과 표석을 설치하고 토지를 매입하기 시작한다. 그리고 한국 정부와 태평양함대 전용 조차지 협정을 체결한다.

일본은 러시아의 이러한 움직임을 군함의 정박과 석탄(연료) 저장고를 설치하기 위한 것으로 판단했다. 랴오둥반도에 더해 한국 남부마저 러시아의 영향 아래 놓이면 일본의 안전에도 치명적이다. 이에 대항하기 위해 일본 육군참모본부는 부산 거류민 명의로 주변의 토지를 대량으로 매입하게 하고, 한국 정부와 마산포 일본 조계 장정을 체결한다. 양국이 각각 조계지를 확보함으로써 러시아의 계획은 무산된다.

거의 같은 시기 러시아는 압록강과 두만강 일대의 임업 이권(삼림 채벌권)을 확보하려 한다. 1896년 9월 고종이 러시아 공사관에 머무르고 있는 동안 블라디보스토크의 상인 브리네르(Yuliy I. Briner)는 압록강·두만강 연안과 울릉도에 대한 삼림 채벌권을 확보했다. 러시아 정부는 브리네르의 이권을 사들여 한국 북부에 대한 영향력을 유지하려 했다. "두만강, 압록강, 뤼순항 전선은 아주 훌륭한 전초 기지가 된다. 이 전선이 우리 수중에 있으면 모든 이점은 우리 쪽으로 넘어온다. 바다를 확고하게 장악하지 못하더라도 이 조건만 갖추면 아무르에 있는 우리의 점령지는 안전하다"는 것이 러시아의 평가였다. 친러시아적 분위기가 남아 있는 한반도 북부를 장악해 압록강과 두만강을 방어선으로 하려는 구상이다. 로젠-니시 협정으로 약화된 한반도에 대한 영향력을 회복하고, 뤼순항의 안전을 확보하기 위한 전략이다. 그러나 비록 압록강·두만강을 확보해도 한반도 남부를 일본에 내주면 대한해협이 봉쇄될 수 있으며, 마산포 점령 계획과도 상충된다는 등의 이유로 이 구상은 구체화되지 않았다. 다만 러시아 정부는 브리네르의 삼림 채벌권을 인수해 여지를 남겨두고 있었다.

이상의 과정을 보면, 뤼순항, 다롄항 확보를 계기로 러시아는 한반도에 영향력 확대를 기도하고 있으며, 일본은 이를 저지하려 하고 있다는 것을 알 수 있다.

4. 시베리아철도가 위험하다:
러시아의 만주 점령

일본은 동양의 헌병이다: 의화단 사건

청일전쟁 후 열강의 할양·조차, 철도 및 광산을 중심으로
한 경제적 침투, 거액의 배상금 부담 등은 청국을 압박했다.
또 조계지를 중심으로 한 열강의 중국인에 대한 폄하 등은
서양 열강 및 서양 문명에 대한 반발을 불렀다. 1897년부터
북부 지방의 황하와 화이허(淮河) 범람, 한발, 병충해 등으로
장쑤성(江蘇省)과 산둥성(山東省)에서 많은 난민이 발생한다.
이러한 상황에서 배외적이고 반기독교를 표방하는 의화단
이 봉기한다. 의화권(義和拳)을 수련하는 백련교도(白蓮敎徒)
들이다. 1899년 3월 의화단은 산둥성에서 독일군과 충돌했

다. 부청멸양(扶淸滅洋) 즉 청(중국)을 떠받치고 서양 세력을 몰아내자는 기치를 내건 의화단은 1900년 4월에는 약 20만 명으로 세력을 확대해 베이징에까지 진출한다(이 사건은 의화단의 난, 의화단 사건, 북청사변北淸事變, 경자사변庚子事變 등으로 불리나 서구에서는 The Boxer Rebellion이라 한다).

의화단은 6월 20일부터는 베이징의 각국 공사관이 모여 있는 공사관지구를 포위하고, 일본 공사관원과 독일 공사를 살해하는 사태가 벌어졌다. 이후 공사관지구는 55일간 봉쇄된다. 서태후의 청국 정부는 부청멸양을 기치로 하는 이들 세력에 편승해, 6월 21일 열강에 정식으로 선전포고를 한다. 청국 정부가 연합국에 대해 선전포고를 한 것은 의외다. 베이징과 톈진 방어에 중요한 다구(大沽) 포대가 연합군에 점령당한 것이 계기가 되었다고 하나, 서구 열강의 침략에 대한 누적된 불만이 폭발한 것이다. 서태후는 "청국은 약해질 대로 약해졌다. 믿을 것은 민심뿐이다"라고 했다고 한다.

베이징에 공사관을 두고 있는 영국·미국·독일·프랑스·러시아·오스트리아·일본·이탈리아 등 8개국은 공동 출병을 결의한다. 그러나 지리적으로 멀고 식민지 사정 등으로 현실적으로 출병이 쉽지 않았다. 영국은 40만의 병력을 동원한 남아프리카의 보어(Boer) 전쟁에 발이 묶였고, 미국은 아기날도 등이 지휘하는 필리핀 독립 운동 진압에 매달려 있었다. 열강은 지리적으로 가깝고 청일전쟁에서 위력을 발휘한 일본에 출병을 요청한다. 삼국간섭으로 중국 진출을 저지당한 일본은 "동양의 패권을 장악할 수 있는 단초"로 이용해야 한다는 가쓰라 다로(桂太郎, 한일병합 당시의 총리) 육군대신의 주장에 따라 야마가타 아리토모 내각은 7월 6일 "열강과 어깨를 나란히 하기 위한 보험"이라며 출병을 결정한다.

8월 14일의 베이징 총공격에 가담한 연합군은 4만 7,000명이었는데, 일본군이 2만 2,000명, 러시아군이 1만 374명이었다. 일본군이 전체의 절반 정도였다. 서태후와 광서제는 연합군의 공격이 있기 직전 베이징을 탈출해 시안(西安)으로 향했다. 서태후는 시안으로 가면서 이홍장에게 의화단을 진압하고, 열강과 교섭을 하라고 지시하는 모순된 행동을 서슴지 않았다.

베이징을 점령한 연합군의 약탈·살인·방화로 베이징은 무법천지로 변했다. 서태후가 아끼던 여름궁전 이허위안도 파괴되었다. 그러나 일본 군대는 상대적으로 절도 있는 태도를 보였다. 어느 연합군 장교는 "일본군은 너무나 신사적이다. 일본군과 같은 군인들만 있다면 전쟁이 없을 것이다"라고 할 정도였다. 그들의 절도 있는 태도는 근대 문명국가의 군대로 인정받고자 하는 열등감의 표현이었다. 처음으로 열강과 어깨를 나란히 해서 백인종으로 구성된 연합군의 중심

부대로 활약했다는 '자부심'도 컸다.

중국의 반제국주의 운동을 탄압하는 데 중심 역할을 한 일본은 서양 국가들로부터는 그들의 이익을 지켜줄 '동양의 헌병'이라는 별칭을 얻었다. 이것은 일본이 서양 제국주의의 일원으로 편입되었음을 뜻한다. 가쓰라 다로 육군대신은 "일본은 장래 문명의 동료로서의 시험에 합격했다"고 술회했다 (山室信一, 2005). 일본은 백인들에 의한 삼국간섭의 '공포'를 벗고 자신감을 회복했다. 열강도 청일전쟁에 이어 다시 일본의 군사력에 주목한다. 열강이 동아시아에서 세력을 유지하는 데 일본은 무시할 수 없는 존재로 떠오른 것이다.

북으로 갈까, 남으로 갈까

일본은 의화단에 포위되어 있던 베이징 공사관지구를 탈환한 직후, 타이완에 인접해 있는 푸젠성의 샤먼(廈門)시에 있는 일본의 불교 포교소가 불탄 것을 구실로 8월 27일 이곳을 군사 점령했다. 화재의 원인은 알 수 없으나, 의화단 사건의 혼란을 틈타 타이완을 발판으로 중국 남부로 세력을 확장하려는 일본의 의도가 엿보인다. 미국·독일이 강하게 항의하고, 양쯔강 유역을 세력권으로 하고 있는 영국은 군함을 동원해 군사적 대응에 나섰다. 일본은 베이징에서 형성된 열강과의 관계도 고려해 철수한다.

당시 일본에서는 타이완 및 중국 남부를 교두보로 삼아 동남아와 태평양으로 진출해야 한다는 남진론(南進論)과, 조선을 발판으로 만주 및 중국 대륙으로 세력을 확장해야 한다는 북진론(北進論)이 논란을 일으키고 있었다. 해양진출론과 대륙진출론이다. 샤먼 출병의 실패는 북진론이 우세하게 되는 계기가 된다. 남진은 중국 남부와 동남아시아, 남태평양에 식민지와 세력을 형성하고 있는 영국·프랑스·독일과 경쟁해야 하며, 북진론은 남하 정책을 펴고 있는 러시아와의 갈등을 유발하게 된다. 결과적으로 일본은 러시아와의 대결을 선택한다. 해양 국가로서 대륙국가에 대한 욕망과 삼국간섭으로 촉발된 러시아에 대한 적개심이 작용한 것이다.

1901년 9월 7일 베이징에서는 8개 참전 연합국에 벨기에·네덜란드·에스파냐가 추가되어 의화단 사건을 종결하는 베이징의정서가 체결되었다. 일본에서는 고무라 주타로 주중국 공사가 참가했다. 그는 일본의 대표적인 제국주의 외교관으로 평가받고 있으며, 야위고 키가 작아(143센티미터 또는 156센티미터라는 기록이 있다) 각국 대표들로부터 '생쥐 공사(rat minister)'로 불렸다.

의정서는 배상금과 외국군 주둔이 핵심이었다. 공사관 보호를 위한 호위병을 인정하고, 베이징과 산하이관(山海關) 사이의 철도 옆 주요 지점 12곳에 군대 주둔을 허용하는 것으로 합의했다. 배상금은 연리 4퍼센트로 4억 5천만 냥을 39년 간 분할 상환하는 조건이었는데, 총액은 9억 8,000만 냥에 달했다. 이는 중국 세입 12년분에 해당하며, 청일전쟁 배상 금의 5배다. 배분율은 러시아가 29퍼센트, 독일 20퍼센트, 프랑스 16퍼센트, 영국 11퍼센트, 미국과 일본이 각각 7퍼센 트였다. 지불은 관세와 염세(鹽稅)를 담보로 했다. 일본은 출 병 규모에 비해 배상 금액이 상대적으로 적었으나, 열강과 나란히 이권을 획득했다는 자부심으로 외교적 성과를 대신 했다.

청일전쟁 배상금에 더하여 의화단 사건 배상금을 상환하 기 위해 중국은 막대한 외채를 들여야 했으며, 열강이 이권 을 확보하는 빌미가 되었다. 대부분의 항구의 관세가 담보 로 잡혔으며 재정적으로 중국은 반식민지 상태로 전락한다. 이 의정서에 의해 일본은 처음으로 텐진·베이핑(北平, 현 베 이징)·창리(昌黎) 등 베이징 주변에 군을 주둔시키게 된다. 이 를 '지나(支那, 중국의 비속어) 주둔군'이라 불렀는데, 이 주둔 군은 만주의 관동군과 함께 일본의 중국침략의 첨병역할을 했으며, 1937년 중일전쟁 발발의 음모를 꾸몄다.

중국에 대한 가혹한 배상금은 국제적 비난을 불러일으켰 다. 미국은 배상금을 환원해 1911년 칭화대학(清華大學)을 설립했다. 칭화대학은 베이징대학과 함께 중국을 대표하는 대학이 되었다. 일본은 배상금의 일부로 도쿄대학의 동양문화연구소와 교토대학의 인문과학연구소를 만들었다. 의화단 사건 때 발생한 많은 난민이 한반도로 유입되었으며, 한국의 화교는 이때 유입된 난민이 많은 부분을 차지하고 있다.

시베리아(동청)철도를 보호하라: 러시아의 만주 점령

한편 의화단은 6월에는 만주에도 세력을 넓히고 건설 중인 동청철도를 파괴하는 등 러시아의 이권을 위협했다. 동청철도는 만저우리(滿洲里) – 하얼빈 – 쑤이펀허(綏芬河) – 블라디보스토크를 연결하는 시베리아철도의 일부이며, 동청철도 지선은 하얼빈에서 뤼순·다롄으로 연결된다. 러시아에게는 동청철도에 대한 위협은 시베리아철도가 위협받는 것과 마찬가지이며, 시베리아철도를 축으로 추진하는 남하 정책을 저지당하는 것과 같다. 단적으로 말하면, 동청철도를 지키는 것은 곧 시베리아철도와 남하정책을 지키는 것이다. 러시아는 이 사건을 계기로 군사적 뒷받침이 없는 만주 이권의 취약성을 인식하고, 재무장관 비테(Sergei Y. Witte)를 중심으로 한 경제적 이권 획득 정책에서 군사력을 배경으로 한 이른바 '신노선'의 강경 정책으로 전환하게 된다.

러시아는 동청철도 보호를 명목으로 7월에 출병을 개시해 8월 3일에는 하얼빈, 8월 27일에는 치치하얼(齊齊哈爾),

9월 28일에는 랴오양(遼陽), 10월 2일에는 묵덴(평톈奉天, 현선양瀋陽) 등을 점령해 사실상 만주 전체를 군사 지배하게 된다. 러시아의 출병 규모는 초기에는 약 8만 명이었으나 최종적으로 약 16만 명이 동원된다. 이는 러시아의 만주 침략이 단순히 동청철도 보호에 있는 것이 아님을 말한다.

8월 25일, 러시아는 각국에 만주 점령은 일시적인 것이라고 밝혔다. 그러나 11월 11일 랴오둥조차지 사령관 알렉세예프(E. I. Alekseev)와 성징장군(盛京將軍) 쩡치(增祺)가 만주에 관한 러청협정(제2차 러청만주밀약)에 가조인해, 러시아군의 만주 주둔을 합법화하려 한다. 협정은 러시아군이 주둔하는 동안 청국군은 만주에 주둔할 수 없으며, 동청철도 지선을 베이징까지 연장하고, 만주의 이권을 다른 외국에 허용해서는 안 되며, 만주에 러시아 정무관을 둔다는 내용이다. 러시아는 청국군의 만주 주둔을 금지시킨 것이다. 이는 군정을 실시해 만주를 정복지(식민지)로 하려는 것이나 마찬가지다.

1901년 1월 3일 「런던 타임스」에 협정 내용이 보도되자 열강은 러시아를 비난한다. 일본은 중국이 러시아의 요구를 받아들이면 열강이 다른 지역에서 같은 요구를 할 것이라고 경고했다. 결국 4월 5일 러시아는 교섭을 중단한다고 발표했으나, 러시아군의 만주 주둔은 계속되었다. 러시아군의 만주 주둔으로 한반도에 대한 러시아의 영향력도 커지게 된다.

러시아의 만주 점령은 조선과 만주로의 세력 확대를 노리고 있는 일본 여론을 자극한다. 귀족원 의장 고노에 아쓰마로(近衛篤麿)와 대표적인 우익 낭인 도야마 미쓰루(頭山滿) 등 대외 강경파들은 1900년 9월 '국민동맹회'(후에 대로동지회對露同志會)를 결성해 정부에 강경 대응을 요구하고, 러시아를 비난하는 집회를 열어 국민들을 선동한다. 전국에서 전개된 집회에서는 전쟁불사론이 대두하기 시작했다.

5. 전쟁으로 가는 길

러시아는 만주에서 철수하라

러시아가 만주를 점령하자 일본은 한반도를 세력권으로 삼아 대항하려 했다. 만주를 점령한 러시아는 이를 용인할 것이며, 의화단 사건에서 일본의 '활약'을 인정한 열강도 양해하리라 여겼다. 그러나 러시아는 일본이 한반도를 세력권으로 하면 만주를 위협한다고 봤다. 만주의 권익을 지키기 위해서는 적어도 한반도 북부는 러시아의 영향력하에 두어야 한다는 것이 러시아의 생각이다. 만주 점령으로 한반도에 대한 러시아의 이해관계는 더 직접적인 것이 되었다. 따라서 러시아의 만주 점령으로 한반도에 대한 양국의 대립은 첨예하게 현실화한다. 이것이 러일전쟁의 직접적인 원인이다.

미국은 러시아의 만주 점령을 중국에 대한 '영토 보전의 원칙(Principles of Territorial Initegrity)' 위반이라며 비난했으나, 구체적인 조치는 취하지 못했다. 자국의 권익이 직접 위협받지 않을 뿐 아니라 필리핀의 독립 운동 진압에 매달려 있었기 때문이다. 영국도 반발했으나, 남아프리카의 보어 전쟁 때문에 지리적으로 멀리 떨어진 아시아에서 러시아에 직접 대항하는 것은 쉽지 않았다. 영국은 양쯔강협정(揚子江協定, 영독협정, Yangtze Agreement)을 이용해 독일과 함께 러시아를 견제하려고 했다. 양쯔강협정은 영국과 독일이 중국의 문호 개방과 영토 보전에 공동 대응하기 위해 1900년 10월에 체결한 것인데, 이를 만주에 적용하려 한 것이다. 그러나 독일은 만주에 권익이 없으며, 또 러시아가 남하 정책을 저지당하면 그것이 독일에 대한 압력으로 돌아올지 모른다는 등의 이유로 양쯔강협정의 만주 적용을 거부한다.

독일이 협력을 거부하자, 영국은 청일전쟁과 의화단 사건에서 입증된 일본의 군사력에 관심을 가진다. 러시아와의 충돌이 불가피한 상황에 있는 일본도 영국의 힘이 필요했다. 영국과 일본에게 러시아는 공동의 가상 적국인 셈이나, 일본이 더 절실했다.

일본은 만주 및 한반도를 둘러싼 갈등을 러시아와의 협상으로 해결할 것인가(러일협상론), 군사 대결도 불사할 것인가(전쟁불사론)의 기로에 놓였다. 대체적으로 만주는 러시아가, 한반도는 일본이 차지한다는 한만(韓滿) 교환론의 입장에서는 러일협상에 무게를 두었다. 만주와 한반도 문제는 분리할 수 없으니 일괄 처리해야 한다는 한만 일체론의 입장에서는 영일동맹에 기대를 걸었다(영일동맹론). 영일동맹론은 러시아와의 군사적 대결을 염두에 둔 것이다. 전자는 이토 히로부미와 야마가타 아리토모 등 원로 그룹으로 비교적 온건파들의 견해가 강했으며, 후자는 주청국 공사 고무라 주타로(후에 외상)를 비롯한 젊은 강경파의 주장이다.

1901년 7월 2일 영국 외무차관 바티는 '일본과의 협정 제안'이라는 보고서를 내각에 제출한다. 보고서는 영국의 양쯔강 유역 권익과 일본의 한국에서의 권익을 상호 승인하는 것을 목표로 한 것이다. 일본과 러시아가 화해하면 영국은 동아시아에서 고립되고 위기를 맞을 수 있으므로 일본과의 교섭을 통해 이를 방지해야 한다는 판단이다. 이를 기초로 7월 10일 랜스다운(Henry Lansdowne) 외상은 하야시 다다스(林董) 주영 일본 공사를 만나 러시아의 만주 병합이나 독점을 막기 위한 협정의 필요성을 제안한다 (랜스다운은 작위명이며, 본명은 헨리 페티 피츠모리스 Henry C. K. Petty-Fitzmaurice이나, 일반적으로 랜스다운 외상이라 칭함). 영국이 먼저 동맹의 필요성을 제기한 것이다. 러시아의 남하로 식민지 인도와 중국에서의 이권 등이 위협받는 것을 우려했기 때문이다. 이어서 7월 15일 귀국해 있던 맥도널드(Claude M. MacDonald) 주일 공사가 하야시 공사에게 동맹 가능성을 제안하면서 본격적인 논의가 시작되고, 7월 31일 하야시 공사와 랜스다운 외상의 면담에서 내용은 보다 구체화된다.

하야시 공사는 "일본에게 만주는 간접적 이익이지만 한국 문제는 사활의 문제이다, 러시아가 만주를 점령하면 곧바로 한국을 병합하려 할 테니 어떠한 수단을 써서라도 이를 막아야 한다, 러시아를 만주로부터 구축해야 하나 그것이 여의치 않아 러시아와 전쟁을 할 경우에는 제삼국이 러시아를 원조하는 것을 방지하고 싶다"는 뜻을 밝혔다.

랜스다운 외상은 "한국이 러시아의 수중에 들어가는 것을 원치 않으며, 영국의 대청국 정책은 문호 개방과 영토 보전이며 이러한 점에서 영국과 일본의 목적은 일치한다, 일본이 한국에 대해 가지는 이익은 영국이 남아프리카의 트란스발에 대해 가지는 관계와 같다"고 설파했다. 이에 대해 하야시는 일본과 한국의 관계는 영국과 식민지 이집트의 관계와 같다고 화답했다(日本外務省, 『日本外交文書』 34, 1901). 만주 및 한반도에서 러시아의 팽창을 저지한다는 점에 두 나라는 의견이 일치했다. 이상과 같은 교섭 결과를 가지고 가쓰라 총리는 이토 히로부미를 만나 경과를 설명한다. 이토는 영국이 쉽게 일본과 동맹을 맺지 않을 것이나, 만약 그것이 성사된다면 찬성한다는 뜻을 밝혔다. 러일협상론자인 이토가 동의하면서 영일 간 교섭의 방해 요인은 없어졌다.

영국을 택할까, 러시아와 손잡을까

이토 히로부미를 비롯한 '온건파'들은 영국과 제휴해 러시아에 직접 대항하기 보다는 러시아와의 협상을 통해 문제를 해결하기를 바랐다. 이토는 한반도에서의 영향력이 안전하게 유지된다면 만주에서 러시아의 지위를 인정해 줄 수 있다는 입장이었다. 만약 영일동맹이 성립해 남하 정책을 저지당하면 러시아는 프랑스와 독일을 끌어들여 제2의 삼국간섭으로 일본을 압박할지 모른다고 우려했다. 그럴 경우 만주는 물론이고 한국에 형성해 놓은 영향력마저 상실할 가능성이 있다. 또 이토는 현실적으로 세계 패권국인 영국이 동양의 소국 일본과 동맹을 맺을 가능성은 낮을 뿐 아니라, 러시아를 상대로 전쟁 준비도 되어 있지 않다고 판단했다.

반면에 의화단 사건 처리에서 주도적 역할을 해서 열강으로부터 높은 평가를 받은 고무라 주타로 주청국 공사 등은 러시아에 대한 불신과 함께 강한 자신감을 가지고 있었다. 대부분의 열강이 러시아의 만주 점령을 반대하고 있는 상황에서 결코 제2의 삼국간섭은 발생하지 않을 것이다. 러시아가 만주를 점령하고 있는 한 한반도에서 영향력을 확보하는 일도 순조롭지 않다. 이 때문에 차제에 러시아의 만주 점령 문제도 함께 해결해야 한다고 주장했다. 일본 정부 내에서는 만주 및 한국 문제를 해결하기 위한 러일협상론과 영일동맹론 사이에 논란이 계속된다. 가쓰라 다로 내각은 명확한 방침을 정하지 않고, 두 가지를 병행하며 결과가 나오는 쪽을 택한다는 다소 유보적인 입장을 취한다. 원로 회의에서 이토 히로부미의 러시아 방문이 결정되고, 주청국 공사에서 외무대신(외상)에 새로 취임한 고무라 주타로는 하야시 주영 공사에게 영국과 교섭을 계속하도록 한다.

그런데 순조롭게 진행되는 듯했던 랜스다운 외상과 하야시 공사의 교섭은 1901년 8월 14일의 회담에서 의외의 상황을 맞는다. 랜스다운 외상은 하야시 공사에게, 한 달간 여름 휴가를 마친 후 구체적으로 논의를 진행할 테니 하야시 공사도 본국으로부터 협상 권한을 받아놓으라고 했다. 영국의 유보적인 태도에 대해 가쓰라 내각과 이토 히로부미, 야마가타 아리토모는 회의적인 반응을 보이면서, 이토의 러시아 방문을 적극 추진하기로 한다. 영국의 일시적인 협상 중단으로 영일동맹과 러일협상을 동시 진행하는 형국이 되었으나, 러일협상의 가능성이 영일동맹을 가속화하는 요인으로 작용할 수 있는 여지도 생긴 것이다.

이토 히로부미, 러시아에 가다

1901년 9월 18일 이토 히로부미는 요코하마항을 출발해 미국 예일대학에서 명예박사 학위를 받고, 러시아를 방문하기 위해 11월 4일 파리에 도착했다. 그사이 영국과 일본 사이에는 상당한 정도로 교섭이 진행되어, 11월 6일 영국으로부터 조약 초안이 제시되었다. 일본은 그에 대한 가부를 결정해야 하는데, 이를 위해서는 이토가 진행하고 있는 러시아와의 협상을 단념해야 한다. 11월 13일 각의에서는 영국과의 협상 진행 상황이 보고되고, 그다음 날 가쓰라 총리는 그 내용을 천황에게 상주했다. 천황은 영국과의 동맹을 결정하기 전에 이토의 의견을 듣도록 한다. 이토와 천황의 신뢰 관계 그리고 그의 영향력을 짐작할 수 있는 대목이다.

런던의 하야시 공사는 14일 이토가 머물고 있는 파리로 달려가 교섭 경과를 설명하고 영국과의 동맹조약 체결에 동의해 줄 것을 요청했으나, 이토는 러시아와의 협상이 먼저라며 거부했다. 4일 간의 격론 끝에 이토는 일단 영국과의 교섭에 동의한다. 국가 원로이기는 하나 그해 5월에 총리를 사임해 정부의 직책을 가지고 있지 않은 이토의 정치적 위치도 약점으로 작용했다. 그렇다고 이토가 러시아와의 협상을 포기한 것은 아니나, 영일동맹과 모순되지 않는 범위에서 러시아와의 타협을 모색해야 했다. 따라서 이 시점에서 러시아와의 협상은 사실상 의미가 없어진 것이나 마찬가지였다. 영일동맹을 배경으로 러시아에 대항한다는 강경책이 확정되었다고 볼 수 있다.

독일을 거쳐 러시아로 간 이토는 12월 2일 상트페테르부르크에서 람스도르프(Wladimir N. Lamsdorff) 외상과 회담한다. 일본은 러시아가 한국을 병합하려 한다고 믿고 있으며 러시아는 이를 불식시켜야 한다고 이토가 말하자, 람스도르프는 이미 협정에 한국의 독립을 존중한다고 되어 있기 때문에 그런 걱정은 할 필요가 없다고 했다. 4일의 두 번째 회담에서 이토는 구체적으로 한국에서 일본의 배타적 자유행동을 러시아가 인정하고, 일본은 뤼순과 블라디보스토크항을 연결하는 대한해협의 자유항행을 보장한다고 제안했다. 이토는 만주 문제에 대해서는 언급하지 않고 러시아를 떠났다.

이토의 제안에 대해 람스도르프는 러시아의 입장을 정리해 브뤼셀에 있는 이토에게 편지를 보냈다. 러시아는 한국에서 일본의 배타적 자유행동이 아니라 우월적 지위를 인정하고, 러시아와의 협의하에 한국 정부에 대해 지원하고 조언할 수 있는 권리를 인정하겠다고 했다. 그리고 한반도를 군사적 목적으로 이용해서는 안 되며, 만주에 대한 러시아의 우월권을 인정할 것을 요구했다. 일본은 한국의 지배를 인정받으려 했으며, 러시아는 한국에 대해 개입의 여지를 남겨두고 만주를 확보하려 한 것이다. 한반도 문제에서 두 사람은 의견 일치를 보지 못했다. 이토는 12월 14일, 러시아의 제안이 "두 나라의 영속적인 합의에 도달하기에는 어려운 것이다"라며 완곡히 거절을 표했다(和田春樹[上], 2010; 日本外務省, 『日本外交文書』35, 1902). 핵심은 한국에 대한 배타적 권리를 러시아가 인정하지 않은 것이다. 이토는 로젠-니시 협정을 대체해 한반도에서 새로운 질서를 구축하려는 생각이었는데, 러시아의 제안은 만족스럽지 못했다. 협상은 더 이상 진전되지 않았다.

일본, 영국과 함께 전쟁을 택하다: 영일동맹

이토가 러시아와 벌인 협상이 거의 결렬될 즈음에 영국과의 협상은 순조롭게 진행된다. 12월 7일 고무라 주타로 외상은 원로 회의에서 영일동맹과 러일협상에 대해 보고했다. 만주와 중국으로 세력을 확장하려는 러시아와는 일시적인 관계 개선은 가능하나 장기적으로는 불가능하다. 한국 문제 해결을 위해 러시아와 전쟁도 불사해야 할지 모른다. 반면에 영일동맹은 한국 문제를 해결할 뿐만 아니라 중국에서 일본의 이권을 확장하는 데도 도움이 된다. 그러니 러시아와의 협상을 포기하고 영국과의 동맹을 추진해야 한다고 주장했다(日本外務省, 『日本外交文書』 34, 1901). 대부분의 원로들도 이에 동의했다.

러시아 방문을 마치고 귀국 중에 이토는 런던에 들러 랜스다운 영국 외상과 회담했다. 이토는 러일협상이 1898년의 로젠-니시 협정을 개정해 한국에서 일본의 지위를 공고히 하려는 것이며, 결코 영일동맹과 모순되지 않는다고 강조하고, 랜스다운도 이를 양해했다. 람스도르프와의 회담에서 성과를 거두지 못한 이토는 영일동맹을 승인할 수밖에 없었다. 이토의 런던 방문은 러일협상에 대한 영국의 의구심을 불식하고 영일동맹 체결에 박차를 가하는 계기가 되었다.

1902년 1월 30일, 제1차 영일동맹 조약이 체결된다. 일본은 한국에서, 영국은 중국에서 가지는 우월적 지위를 상호 인정하고, 전쟁 발발 시 양국은 중립을 지키지만 제3국이 상대 국가에 가담할 경우 양국은 공동 대처한다는 군사동맹이 핵심이다. 러일전쟁이 발발할 경우 영국은 일단 중립을 지킨다. 하지만 프랑스나 독일이 러시아에 가담할 경우 일본과 공동 대응해야 하는 것이다.

영일동맹의 성립에 일본 국민들은 자신감을 얻는다. 삼국간섭으로 패배감을 안겨준 러시아에 대항할 수 있게 되었다는 안도감과 세계적 패권국 영국과 어깨를 나란히 한다는 자부심이었다. 반면에 러시아에게는 잠재적 경쟁국인 영국과 일본의 동맹은 충격이었다. 러시아는 이토 히로부미와의 논의를 바탕으로 영일동맹에 저촉되지 않는 범위에서 러일 협상이 가능한가를 타진했으나, 일본은 거절했다.

이에 러시아는 동맹국인 프랑스와 함께 한국과 중국의 독립과 영토 보전을 존중한다는 선언을 하고, 영일동맹에 대항하려 했다. 이어서 4월 8일 러시아는, 만주를 중국에 반환하고 병력을 철수한다는 내용의 만주철병협정(만주반환협정)을 체결한다. 만주에서 철병하면 러시아와의 대결을 상정한 영일동맹의 효과는 반감되기 때문이다. 그리고 7월에 러시아 황제 니콜라이 2세는 발트(해)함대(Baltic Fleet, Baltiyskiy flot) 태평양 이동을 검토하고, 독일의 카이저 빌헬름 2세를 만난다. 니콜라이 2세는 영일동맹에 대응하기 위해 발트함대가 극동으로 이동할 경우 독일이 발트해에서의 힘의 공백을 메워주기를 요청하고, 빌헬름 2세는 이를 수락한다. 러시아와의 관계 개선으로 독일은 영국과의 건함 경쟁에서 유리한 입장을 가지게 되고, 러시아는 극동 정책에 전념할 수 있게 된 것이다.

중립국이 되는 길밖에 없다: 대한제국

러시아의 만주 점령은 한국에도 영향을 미쳤다. 만주를

점령한 러시아군이 육지로 연결되어 있는 한반도로 진입해 올 가능성도 배제할 수 없다. 러시아 위협론이 다시 부상하고, 한반도에서 일본과 러시아의 충돌 가능성도 커졌다. 1900년 7월 30일 「황성신문(皇城新聞)」에는 북위 39도를 경계로 러시아와 일본이 한반도에서 세력 범위를 획정했다는 러일 밀약설이 보도되기도 한다. 대한제국 정부 내에서는 위기에 대처하기 위한 수단으로 한일동맹론과 한중일 삼국 제휴론 등의 방안들이 논의되었으나, 결국 중립화 정책으로 결론이 났다. 국가의 독립 유지에 대한 특별한 방책을 가지지 못한 상황에서 자연스러운 귀결이었는지 모른다. 어쨌든 중립화 정책은 러일전쟁에 이르기까지 대한제국의 기본 외교 노선이 되었으나, 국력이 뒷받침되지 않고 국제 정세에 대한 정보와 분석을 결여한 상태에서 별다른 효과를 보지 못한다.

고종은 1900년 8월 조병식을 일본 공사에 임명해 한국 중립화안을 제안했다. 일본은 한국의 중립화의 배경에는 러시아가 작용한다고 보고 있었다. 러시아가 만주 점령 문제를 해결한 후 한반도로 진출하기 위한 시간을 벌고자 한국에게 중립화를 제안하도록 했다는 것이다. 러시아도 한국 정부의 중립화 정책을 러시아의 한반도 진출을 저지하기 위한 일본의 음모로 인식하고 있었다. 일본의 의도를 파악하기 위해 이즈볼스키(Alexandr P. Izvolskii) 주일 러시아 공사는 일본 정부에 한국 정부의 중립화 제의에 대해 의견을 타진했으나 부정적이었다. 한반도에 세력 확대를 노리고 있던 일본과 러시아는 한국의 중립화에 대해 상대방의 의도를 서로 의심하고 있었던 것이다. 일본은 한국 정부의 중립화안을 거부하고 오히려 한일 간의 국방 동맹을 요구했다. 조병식은 도쿄에서 미국 및 프랑스 공사와도 접촉했으나 성과는 없었다.

조병식이 내놓은 대한제국 정부의 중립화 제안이 반향을 얻지 못했으나, 이즈볼스키 주일 러시아 공사는 람스도르프 외상의 지시로 1901년 1월 7일 가토 다카아키(加藤高明) 일본 외상에게 열강 즉 미국·일본·러시아의 보증 아래 한국을 중립화하자고 제안한다. 내용적으로 대한제국의 중립화안과 같다. 만주 점령에 대해 청국과의 협상이 순조롭지 못하고 열강이 비난하는 가운데 나온 러시아의 중립화 제안은 한반도가 일본의 영향력 아래 들어가는 것은 용인할 수 없음을 의미한다.

거의 같은 시기에 제기된 러시아와 한국의 중립화 구상이 서로 어떠한 관련성을 가지고 있는가에 대해서는 밝혀진 바가 없다. 그 후 한국과 러시아가 러일전쟁 발발 때까지 중립화 구상을 반복해서 제기하고 있는 점을 고려하면 관련성을 가지고 있을 개연성은 있다. 적어도 일본에게는 그렇게 보였을 것이다. 그러면 왜 한국과 러시아는 같은 중립화 정책을 공동으로 추진하지 않았을까. 한국과 러시아가 공동으로 중립화 정책을 추진하면 일본이 반발할 것은 분명하고, 일본의 반발은 중립화 정책 추진 그 자체를 불가능하게 하기 때문이었을 것이다.

일본은 러시아의 한국 중립화안을 거부했다. 그 이유를 하야시 일본 공사는 1901년 7월 31일 랜스다운 영국 외상에게, 스위스나 벨기에와 달리 한국은 통치 능력이 없기 때문에 중립국이 될 수 없고 일본이 지배해야 한다고 설명했다 (日本外務省,『日本外交文書』34, 1901).

일본이 한국의 중립화를 거부한 본질적인 이유는 만주와 한국을 둘러싼 러시아와 일본의 역학 관계에 있다. 일본은 러시아의 중립화안은 러시아가 만주 점령을 계속하면서 한국에서 일본의 영향력을 배제하려는 것으로 인식했다. 고무라 주타로 청국 주재 공사를 중심으로 한 강경론자들은 러시아의 제안이 만주에서 "러시아의 자유행동을 확보하기 위한 것이므로 한국 문제 해결에 도움이 되지 않으며, 그렇기 때문에 만주를 중립화하지 않으면 어떠한 경우에도 이를 받아들일 수 없다" "만주 문제와 관련시키지 않으면 한국 문제는 만족스럽게 해결할 수 없기 때문에 러시아가 만주를 중립지로 하는 데 동의하지 않으면 어떠한 경우에도 일본 정부는 러시아의 제의를 용인할 수 없다"고 주장했다(日本外務

省,『日本外交文書』34, 1901). 일본은 만주 문제와 한국 중립화 문제를 같은 맥락에서 취급한 것이다. 한국을 중립화하면 만주도 중립화해야 하고, 러시아의 만주 철병과 한국 중립화는 교환할 수 있다는 내용이다. 만주와 한국을 일괄적으로 처리해야 한다는 이른바 '한만 일체론'이다.

앞에서 기술한 로젠-니시 협정에서 보듯이, 종래 일본은 만주 문제와 한국 문제에 대해 만한 교환론적 입장이었다. 이토 히로부미도 러시아와의 교섭에서 주로 한국 문제를 거론했다. 그러나 러시아의 한국 중립화 제안을 계기로 일본은 만주 문제와 한국 문제를 일괄적으로 처리한다는 방향으로 전환했다. 이러한 일본의 방향 전환이 러시아로부터 한반도에 대해 양보를 끌어내기 위한 전략인지, 한국 문제를 발판으로 만주에까지 영향력을 확장하기 위한 것인지는 알 수 없다. 그러나 만한 일체론을 둘러싼 러시아와 일본의 대립이 러일전쟁의 도화선이 된 것은 분명하기 때문에, 이 지점에서 일본은 만주도 사정거리에 둔 팽창적 확장주의로 전환했다고 봐야 한다. 이를 배경으로 일본은 러시아의 한반도 중립화안을 거부하고 적극적으로 영일동맹을 추진한 것이다. 이러한 점에서 러일전쟁은 한국 문제만이 아니라 만주 문제를 포괄한 것이다. 러일전쟁 후 일본이 본격적으로 만주 침략을 시작한 것에서도 이를 알 수 있다.

일본의 이러한 태도에 대해 러시아는, 만주 문제는 러시아와 중국이, 한국 문제는 러시아와 일본이 처리해야 한다며 일본의 한만 일체론을 거부한다. 이처럼 일본의 '만한 일체론'과 러시아의 한만 분리론이 한국의 중립화 문제를 매개로 뚜렷이 부각된 것이다. 일본의 한만 일체론은 논리적으로 한반도의 중립화 실현의 기반을 약화시키는 것이다. 일본이 한만 일체론을 주장하는 한 만주 문제 해결 없이는 한반도의 중립화는 성립될 수 없고, 한국이 만주 문제를 해결할 수단을 가지고 있지 않기 때문이다.

이상과 같은 러일 양국의 입장은 러일전쟁 발발 때까지 일관된 정책으로 유지되면서 양국 간의 타협을 불가능하게 했다. 한국을 제외한 상태에서 진행된 러일 간의 교섭에 대해 한국 정부가 어떻게 대응했는가에 대해서는 밝혀진 것이 없다. 러시아나 일본이 한국 정부와 협의하지 않았고, 한국이 양국의 협상에 개입할 만한 영향력이 없었기 때문이다. 당사자를 제외하고 제삼국끼리의 협상 결과로 국가의 운명이 결정되는 제국주의 시대의 전형적인 외교 행태를 볼 수 있다.

그러면 일본의 한만 일체론으로 중립화의 가능성이 없어졌음에도 대한제국은 왜 러일전쟁 발발 때까지 이 정책을 고집했을까. 한만 일체론에 대한 이해가 부족했거나, 러시아와 일본의 대립 원인을 한국 문제가 아니라 만주 문제로 인식했을 가능성이 있다. 한만 분리론과 한만 일체론은 명목상으로는 만주 문제의 해결을 전제로 하고 있기 때문이다. 또 한만 분리론과 한만 일체론에는 부분적으로 한국의 중립화를 공통분모로 하고 있기 때문에 만주 문제의 처리 여하에 따라 러시아와 일본의 타협 가능성도 남아 있다. 적어도 논리적으로는, 이점에서 러일 간에 한국 중립화의 가능성을 찾을 수도 있었을 것이다.

만약 이 시점에서 대한제국 정부가 러일 대립의 본질을 한반도 문제로 인식했다면 중립화가 아니라 러시아와의 동맹을 선택했을 가능성이 있다. 러시아가 반복해서 한반도의 중립화를 제안하고 있었으며, 또 러시아의 주된 관심은 한반도가 아닌 만주였으므로 적어도 러시아는 한국에 대해 영토적 야심은 없다고 여겨졌기 때문이다. 연장선상에서, 그러면 러일전쟁에서 러시아가 승리했을 경우 한반도는 어떻게 되었을까. 아마 러시아의 주된 관심은 만주였기 때문에 한반도를 식민지화하기는 어려웠을 것이다. 한반도를 식민지화할 경우 러시아의 남하 정책을 견제하려는 열강의 압력이 강해지고, 러시아의 만주 이권도 유지하기 어려워질지 모른다. 그렇기 때문에 러시아는 한반도를 일종의 완충 지대로 삼고, 만주의 권익을 강화할 가능성이 있다. 그러면 한국도 나름의 자주적인 발전이 가능했을 것으로 추론할 수 있다. 단지 이러한 논의는 어디까지나 논리적 귀결일 뿐이고, 현실적으로 대한제국 정부로서는 중립화 이외의 다른 정책적 수단이 없기 때문에 이를 고집했으리라는 점은 부정하기 어렵다.

이상과 같은 상황 속에서 1902년 1월에 체결된 영일동맹과 그에 대항하는 형태로 전개된 같은 해 3월의 러시아-프랑스 선언을 보고 대한제국 정부는 한반도의 중립화 가능성이 높아졌다고 판단한다. 영일동맹과 러시아-프랑스 선언을 통한 러일 양측의 세력 균형이 중립화 실현을 위한 유리한 구도를 제공한다고 보고, 일본과 러시아에 대해 비교적 중립적인 내각을 구성하고 프랑스·미국·이탈리아·독일·벨기에 등에 한반도의 중립화 계획을 제시한다. 한반도 문제에 직접 이해관계를 가지고 있는 일본과 러시아를 제치고 다른 열강으로부터 먼저 중립을 보장받은 후 러시아와 일본의 승인을 얻겠다는 전략이다. 그러나 독일과 벨기에가 관심을 보였을 뿐 별다른 성과를 얻지 못한다. 이를 전후해 러시아는 같은 해 9월 일본에 한반도 중립화를 다시 제안했으나 일본은 강하게 반발한다.

6. 전쟁이냐 평화냐:
러일의 마지막 협상

일본, 전쟁을 결의하다

1902년 4월에 체결한 만주 철병 협정에 따라 러시아는 10월에 제1차 철병을 실행했으나, 다음 해 4월의 제2차 철병을 거부했다. 일본의 한국에 대한 영향력이 커지고 중국인의 만주 진출이 늘어나면서 동청철도가 위협을 받을지 모른다는 이유에서였다. 러시아는 만주에 다른 나라의 세력이 들어와서는 안 된다는 조건을 내세우며 4월 18일 중국에 협상을 제의했다. 4월 19일 주청국 일본 공사 우치다 고사이(内田康哉)는 "러시아가 제2차 철병을 거부하고 청국에 새로 7개조 요구를 제안했다"고 고무라 외상에게 보고했다. 영일동맹을 성사시킨 고무라 외상은 "러시아가 철병하지 않는 것이 좋다. 그러면 대청소가 가능하다"며 강경한 자세를 보였다. 러시아가 철병을 거부하면 일전을 불사하겠다는 것이다.

러시아의 철병 거부에 대해 미국·영국도 비난했다. 4월 21일 야마가타 아리토모, 이토 히로부미, 가쓰라 다로(수상), 고무라 주타로(외상)는 교토에서 일본의 국가 최고 지도부 회의라 할 수 있는 이른바 무린안(無鄰菴) 회의를 가졌다. 이 회의의 직접적인 기록은 없다. 여기에서 가쓰라 총리는 "만주 철병을 거부하면 러시아 세력이 한국으로 뻗치게 되고 일본의 안전이 위험하므로 러시아와의 전쟁도 불가피하다"고 보고했고, 참석자들은 "한국 문제에 대해서는 러시아에게 한 발도 양보할 수 없다. 만주에 대해서는 러시아의 우월권을 인정하고 이를 이용해 한국 문제를 근본적으로 해결한다"고 결정했다. 이 회의는 일본의 최고 수뇌부가 '전쟁 불사'를 결정한 유명한 '무린안 회의'로 알려져 있는 데, "한국 문제에 대해서는 한 발도 양보할 수 없다"는 것을 전쟁 결의로 해석한 것이다(岡義武, 1958). 아무튼 언론도 러시아의 철병 거부를 부각시키며 전쟁 불가피론을 부추겼다.

이러한 상황에서 5월에 러시아가 압록강 하구의 용암포를 점령하는 사건이 발생한다. 만주에 주둔하고 있던 러시아군 일부가 용암포에 진출해 한국인 명의로 토지를 매입하고 병참부로 사용할 창고와 사무소 건설에 착수했다. 6월에는 안둥(安東) – 용암포 간에 수저(水底) 전선을 가설하기 시작한다. 7월에는 러시아 삼림 회사의 서울(한성) 주재원 군스부르크(Gunsburg)와 내장원경(內藏院卿) 이용익(李容翊)이 용암포의 사방 10리를 목재 저장소로 대여하기로 약속한다. 7월에는 친러파의 대한국 서북변계(西北邊界)·울릉도 삼림감리 조성협(趙性協)이 러시아 삼림 회사 총무 모기스코(Mogisko)와 용암포 조차에 대한 가조약을 체결한다.

러시아는 9월 중순부터 용암포의 뒷산인 용암산에 포대를 설치하고 석탄 및 탄약을 적재한 선박을 입항시키고, 용암포 하류의 두류포(斗流浦)에 망루를 건설하는 등 군사 기지화를 강행했다. 이러한 소식이 전해지자, 일본과 영국은 러시아의 조차는 부당하다며 한국 정부에 의주를 개방할 것을 요구한다. 한국 정부는 조성협의 가조약을 승인하지 않고 의주를 개방하겠다고 밝히고, 1903년 3월 23일 용암포를 통상항으로 개항한다.

일본은 러시아군의 만주 주둔에 이은 용암포 점령을, 러시아가 만주를 영구 점령하고 한반도로 영향력을 확대하려는 신호로 인식했다. 일본 참모본부는 5월 12일 천황에게 "제국(일본)의 대목적을 달성하기 위한 기회는 시간이 갈수록 어려워진다"는 상주문(上奏文)을 올려, 개전 의사를 알렸다. 만주의 러시아 병력이 더 증원되기 전에, 그리고 동청철도와 남만주 지선이 완공되고 뤼순의 요새화가 완성되기 전에 개전하는 것이 유리하다는 판단이었다. 실제 철도는 7월 1일에 완공되며, 뤼순의 요새화도 상당 부분 진척되었다. 7월 17일에는 개전에 대비해 한국 출병을 위한 조사를 시작하도록 하고, 8월에는 마쓰카와 도시타네(松川敏胤) 제1부장(작전·병참 담당) 등을 한국에 파견해 현지에서의 물자 조달 가능성과 수송에 필요한 도로 사정 등을 조사한다(谷壽夫, 1966).

6월 10일에는 도쿄제국대학의 도미즈 히론도(戶水寬人)와 가나이 노부루(金井延) 등 '7명의 박사'가 가쓰라 총리와 고무라 외상에게 만주 문제를 해결하지 않으면 한국은 러시아에 복속될 것이며, 일본의 방어도 불가하다며 개전 필요성을 역설하는 의견서를 제출한다. 이 의견서는 24일 「도쿄아사히신문」에 전문이 게재되었으며, 전쟁 여론을 형성하는 데 결정적으로 기여를 한다. 이에 대해 이토 히로부미는 "우리는 선생들의 탁견이 아니라 대포 수와 의논하고 있다"며 전쟁준비가 안 되어 있다는 반응을 보였다. 가쓰라 총리는 "전쟁은 도저히 피할 수 없다. 그러나 지금은 결행할 수 없으나, 언젠가 적당한 때가 있을 것이다"라고 답했다.

23일에는 원로들과 총리·외상·육군상·해군상 등이 참석한 어전 회의가 열린다. 러시아가 만주를 점령하고 한반도가 러시아의 영향 아래에 들어가면 일본의 존립도 위태로워진다고 전제하고, 러시아가 한국과 중국에서 일본의 정치·경제적 권익을 인정하면 일본도 러시아의 만주 권익을 인정한다는 내용으로 러시아와 협상을 진행하기로 결정한다. 러시아를 만주에 묶어두고 한반도와 중국에 대해 일본의 권익을 보장받겠다는 것이다. 이른바 한만 교환론의 확장이라 하겠다. 러시아와 협상을 개시하기로 했으나, 러시아가 받아들이기 어려운 조건이다. 협상 준비와 동시에 참모본부는 독일과 영국에 포탄 발주를 준비하는 등 본격적으로 전쟁 준비에 돌입한다. 러시아도 7월 1일에 시베리아철도 지선을 완공하고, 8월 12일 뤼순에 극동총독부를 설치하는 등 일본의 도발에 대비한다.

러시아는 전쟁을 피하려 했다: 마지막 협상

일본은 러시아와의 교섭을 시작한다고 7월 3일 동맹국 영국에게 통고한다. 8월 12일 일본이 러시아에 6개항에 달하는 협상안을 제시하면서 도쿄에서 교섭이 시작되었다. 교섭의 핵심은 한국과 관련된 종래의 러일 간의 모든 협약을 대체해 만주와 한국을 둘러싼 러일 간의 새로운 질서를 구축하는 것이다. 일본의 제안은 다음과 같다. 러시아가 한국에 대한 전권(무제한의 한국 지배)을 인정하면, 일본은 만주에서 러시아의 철도에 관한 권리를 인정한다. 일본은 한국에 독점적으로 군대를 파견할 수 있는 권리를 가지고, 러시아는 필요 최소한의 군대를 만주에 주둔시킬 수 있다는 것이다. 요약하면 한국에 대한 독점적 지배권을 인정하면 러시아에게 만주 철도에 대한 권리를 인정하겠다는 내용이다. 만주에서의 철도에 대한 권리는 중국의 승인이 필요한 것이므로 일본이 만주에서 러시아의 권리를 보장하는 것은 사실상 빈말이나 마찬가지다. 중국의 승인이 없으면 만주에서 러시아군만 철수해야 하는 상황이 발생하게 되는 것이다. 일본의 주장은 사실상 한만 교환론의 범위를 벗어나는 것으로, 일본이 만주에 대한 영향력 확대를 염두에 둔 것이다. 전쟁을 결의한 일본의 무리한 요구라고 하겠다.

만주에서 러시아의 권리를 제한하려는 일본의 태도는 만주 진출에 관심을 가지고 있는 영국과 미국의 이해와도 일치한다. 미국과 영국은 세계적 수출품인 만주의 대두(大豆)에 관심이 많고, 또 만주에 인구가 급속히 증가하고 있기 때문에 중요한 수출 시장이 될 것으로 생각했다. 중국(만주 포함)에 대한 문호 개방과 기회 균등을 강하게 요구하고, 러일전쟁에서 영국과 미국이 일본에 호의적인 태도를 취한 이유이다. 미국과 영국의 이러한 호의적인 태도는 일본이 만주에서의 러시아 권익을 강하게 압박할 수 있는 배경이다.

일본의 제안에 대해 러시아는 10월 3일, 한국에 대한 일본의 우월적인 지위는 인정하나 한반도의 군사적 이용을 금지하고, 대한해협의 자유항행을 보장해야 하며, 또 일본은 만주를 이익 범위 밖으로 하고 "한국 영토의 북위 39도선 이북을 중립 지대"로 할 것을 제안했다. 일본은 만주에서 손을 떼고, 만주에서의 러시아 권익을 보호하기 위해 한반도의 39도선 이북을 중립 지대로 하고 대한해협의 자유항행을 보장하라는 것이다.

이로써 양국 간의 쟁점이 명확해졌다. 양국에게 최종 목표는 만주였으며, 이를 위해 한국을 지렛대로 삼고 있음을 알 수 있다. 러시아는 만주를 지키기 위해 한반도를 일본에게 완전히 내줄 수 없고, 일본은 만주에서 러시아를 몰아내고 안전하게 한반도를 확보하려는 것이다. 러일전쟁의 원인이 무엇인지를 알 수 있다. 교섭이 시작되면서 10월 8일로 예정되어 있던 러시아의 3차 철병은 무의미해졌다.

10월 30일 일본은 1차에서 제시한 요구를 크게 벗어나지 않은 2차 안을 제시한다. 러시아가 요구한 대한해협의 자유항행은 인정하면서 군사적 측면을 포함해 한국에 대해 배타적 지위를 요구했다. 그러나 일본이 한반도를 군사 점령하게 되면 대한해협의 자유항행은 사실상 어려워지기 때문에 러시아가 받아들이기 어렵다. 러시아가 강조한 39도선 분할도 거부했다. 대신에 한국과 만주의 경계를 기준으로 양측에 50킬로미터의 중립 지대를 설정할 것을 역제안했다. 압록강과 두만강 양안 일대를 비무장 지대로 만들어 한반도에 대한 러시아의 세력 확대 여지를 없애고 한반도에 대한 배타적 지배권을 확립하기 위한 것이다.

러시아는 12월 2일의 회답에서 39도선 분할, 한반도의 군사적 이용 금지 및 대한해협의 자유항행권은 양보할 수 없다고 했다. 한반도가 일본의 군사적 지배를 받게 되면 대한해협이 봉쇄되고, 뤼순과 블라디보스토크의 러시아 함대가 기능을 상실한다. 나아가 만주에서의 권익도 보장받을 수 없다. 1월 6일 러시아가 보낸 3차 회신에는 종래의 주장에서 약간의 변화가 보였다. 한반도의 군사적 이용, 39도선 분할, 대한해협 항행권을 보장하면 한국에 대한 우월적 지위, 만주에서의 일본 및 타국의 기존 권익을 보장한다고 밝혔다. 만주에서의 권익을 보장한다는 점에서는 다소 양보한 것이지만, 일본은 이를 받아들이지 않는다. 러시아로부터 한반도에 대한 배타적 지배권을 보장받으려는 방침을 굽히지 않음으로써 타협의 여지를 없앤 것이다.

일본은 1월 12일 어전 회의에서 해군의 전투 준비가 완료되는 1월 20일 이후에 전쟁을 시작한다는 방침을 정한다.

1월 20일은 일본이 이탈리아로부터 긴급 구입하기로 한 최신 장갑순양함을 인도받는 날이다. 이 순양함은 원래 아르헨티나가 이탈리아에 발주한 것이었으나, 영국 해군의 협조를 얻어 일본이 전쟁 준비를 위해 긴급 구입한 것이다. 1월 13일 일본은 한국의 완전한 지배, 만주에 대한 영토 보존의 원칙 존중, 39도선 분할 거부를 내용으로 하는 최종안을 러시아에 보냈다. 만주를 비롯해 일본의 요구는 더 커진 것이다. 회담을 결렬시키려는 의도를 엿볼 수 있다. 31일 일본은 러시아에게 2월 2일까지 회답을 요구했으나, 회답이 오지 않았다. 2월 4일 일본 정부는 각의에서 개전을 결정하고, 그 다음 날 러시아에 국교 단절을 통고한다.

최후통첩을 받은 러시아는 양보를 해서 타협을 하느냐, 아니면 전쟁을 불사하느냐의 기로에 섰다. 러시아는 일본이 조건을 강화해 가는 것을 보고 타협이 어렵다고 인식하면서도, 전쟁 준비가 되어 있지 않은 상태에서 교섭을 중단할 수도 없었다. 러시아 정부는 회의를 거듭한 끝에 일본이 설정한 2월 2일을 하루 넘긴 2월 3일, 도쿄의 로젠 공사와 뤼순의 알렉세예프(E. I. Alekseev) 극동총독에게 일본에 보낼 회답을 전보로 보냈다. 2월 4일 저녁 람스도르프 외상은 구리노 신이치로(栗野愼一郎) 일본 공사를 불러, 회답 안을 알렉세예프와 로젠 공사에게 보냈으니 일본 정부에 전달될 것이라고 통고했다. 러시아의 최종안은 39도선 분할을 철회하고, 대한해협의 항행이 보장되면 한국에 대한 일본의 우월적 권리를 인정하며, 중국에서의 일본 권익도 보장한다는 내용이다. 만주에 대한 영토 보전 원칙을 제외하면 일본의 요구를 상당 부분 받아들인 굴복에 가까운 양보였다. 일본이 주장해 온 한만 교환론에 더해 중국에 대한 일본의 권익을 보장한 것이다.

러시아의 회답은 일본 정부가 개전 결정을 하고, 국교 단절을 통고한 이틀 후인 7일에야 일본 정부에 전달된다. 러시아는 협상이 계속될 것으로 예상했으나, 일본은 이미 군에 동원령을 내린 상태였다. 러시아의 타협안은 일본 정부의 행동에 영향을 주지 못했다. 러시아가 전쟁을 피하려 했다면 일본이 제시한 2월 2일까지 회답이 전달되어야 했으나, 그렇지 못한 것은 러시아의 안일함 때문이라고 봐야 한다. 그러나 당시의 통신이나 교통 기술 등을 감안하면 일본이 1월 31일에 2월 2일까지 회답을 요구한 것, 즉 2~3일 안에 답을 요구한 것 자체가 무리일 수 있다. 또 비록 동원령을 내린 상태였으나, 철회도 가능했을 것이다.

한반도를 분할하자

학계에서는 일본의 요구를 수용한 러시아의 회답이 제때

도착했다면 전쟁은 피할 수 있었을 것이라는 주장이 있다. 과연 그럴까. 전쟁이 일어나지 않았다면 한국의 운명도 달라졌을 것이라는 추론도 가능하다. 러시아는 한반도에서 일본의 우월적 지위는 인정했으나 독점적(배타적) 지배권을 받아들이지는 않았다. 이 정도로는 일본의 전쟁 욕구를 멈추지 못했을 것이다. 일본이 한반도를 일본의 안전에 밀접한 지역, 즉 이익선으로 간주하고 있는 이상, 일본이 도발을 멈추지는 않았을 것이다.

만주를 목표로 한 러일 간의 협상은 한반도 문제를 지렛대로 하고 있다는 점은 앞에서 지적했다. 러일 간의 협상 과정을 보면, 한반도 분할론(중립 지대 또는 완충 지대로 변형되어 등장하기도 했다)이 중요한 쟁점의 하나였다는 점도 눈여겨볼 필요가 있다. 한반도 분할을 통해 러시아는 일본의 만주 진출을 막고 만주의 권익을 지키려 했다. 일본은 압록강과 두만강 양측의 50킬로미터를 중립 지대로 설정해, 한반도를 완전히 차지하고 만주에 대한 개입의 여지를 남기려 했다. 어떤 의미에서는 러시아와 일본의 한반도 분할론은 각자의 주장을 다소 양보하면서 타협을 모색하려는 측면도 있으나, 기본적으로는 일본의 한만 일체론과 러시아의 한만 분리론의 범위 내에서의 구상이다. 일본의 한만 일체론과 러시아의 한만 분리론이 충돌하고 있는 상황에서 한반도 분할론은 성립하기 어렵다.

한반도 분할론은 역사적으로 이번이 처음이 아니다. 임진왜란 때 일본은 명나라에 평양을 경계로 한반도를 분할할 것을 제안했다. 청일전쟁 때 영국은 중립 지대를 두고 한반도를 남북으로 분할해 공동 점령하는 안을 중국과 일본에 제의한 적도 있다. 러일전쟁을 앞두고 한반도 분할이라는 똑같은 역사가 되풀이된 것이다. 결정적인 국면마다 한반도 분할론이 제기되는 것은, 어느 한쪽이 온전히 한반도를 차지하면 역내의 세력 균형이 깨지고 자국의 안전이 위협받는다는 우려 때문이다. 이러한 의미에서 한반도는 전략적 요충지다.

일반적으로 한반도 분할론의 원인은 중국·러시아 등의 북방 대륙 세력과, 영국·미국·일본 등의 남방 해양 세력의 진출 길목에 자리한 한반도의 지리적 위치 때문이라고 한다. 이 점을 무시할 수 없으나, 한반도 분할론은 매번 한국이 스스로 독립을 유지할 능력이 없는 상황에서 대두했다는 점도 유의할 필요가 있다. 제2차 세계대전 후 현재의 남북 분단 역시 마찬가지 상황에서 초래된 것이다.

일본, 전쟁을 준비하다

교섭이 진행되면서 러일 양국은 타협의 가능성이 크지 않다는 전제 아래 전쟁에 대비한다. 러시아는 일본이 먼저 전쟁을 시작하리라고 생각하지 않았고, 일본을 위협적으로 인식하지도 않았다. 국내 사정도 전쟁을 수행할 만한 형편이 아니었기 때문에 소극적인 방어 태세였다. 일본은 삼국간섭 이후 고양된 러시아에 대한 적개심, 러시아군의 만주 주둔이 한반도에 미치는 영향 등을 자국의 안전을 위협하는 위기로 받아들였다. 러시아와의 교섭이 순조롭지 못하고 국민들의 전쟁불사론이 고양되는 가운데 1903년 10월 이후 일본 정부는 본격적으로 전쟁 준비에 착수한다. 러시아와 일본이 전쟁에 임하는 태세는 청일전쟁 전 청국과 일본의 사정과 유사하다.

1903년 10월 21일 일본 참모본부는 초기에 한국을 제어해야 전쟁을 유리하게 전개할 수 있다는 작전 개념을 확립하고, 12월 말까지 전쟁 준비를 완료하기로 한다. 기본적으로는 제1 단계로 한반도를 장악해 병참 기지화하고, 제2 단계로 만주에 있는 러시아군을 공격한다는 구상이다. 이를 실현하기 위해서는 제해권 확보와 한반도에서의 육상 교통로, 전쟁 물자 및 전신선 확보가 중요하며, 한반도 북부로 신속히 병력을 이동해야 한다. 러시아군이 먼저 한반도 북부를 장악하면 전쟁은 매우 어려워진다. 대체적으로 청일전쟁 때의 전략과 매우 흡사하다.

12월 16일 일본은 정부와 원로들의 회의에서 개전이 불가피하다고 결론을 내린다. 28일에는 천황의 최고 자문 기관인 추밀원 회의가 열리고, 대본영(大本營 천황을 대원수로 하는 최고 통수기관, the Imperial Headquarters) 조례, 재정상 필요 조치(국채 발행, 군사비 지출을 위한 특별회계 및 차입, 경부선 철도 속성 건설비) 등 전쟁 준비에 필요한 긴급 칙령을 가결, 공포한다. 같은 날 해군은 도고 헤이하치로(東鄉平八郎) 중장을 사령관으로 하는 연합함대(둘 이상의 함대로 편성한 주력함대, grand fleet)를 편성하고, 이탈리아로부터 장갑순양함 2척을 긴급 매입하는 등 준비에 박차를 가한다.

29일 정부는 참모총장과 군령부장(해군 참모총장에 해당)에게 출병 준비를 갖추도록 통고한다. 다음 날 참모본부와 군령부는 초동 공동작전 계획을 결정한다. 제1, 제2함대는 사세보항(규슈 나가사키현)에 대기했다가 목포만에 집결한 후 뤼순으로 북상해 러시아 함대를 공격하고, 제3함대는 진해만에 집결해 대한해협을 장악한다. 육군은 해군과 협력해 인천에 상륙하고 곧바로 한성(서울)을 제압한다는 내용이다. 이역시 청일전쟁 때와 매우 유사하며, 한국을 제압하는 것이 필수 요소다.

다음 해인 1904년 1월 7일, 참모총장과 군령부장은 각의에 참석해 전쟁 개시에 대해 보고한다. 해군은 이탈리아로부터 긴급 구입한 2척의 장갑순양함이 도착하는 1월 20일이 되어야 전쟁 준비가 완료된다고 보고했다. 11일 각의에서 육군은 해군의 준비와 관계없이 초반에 전세를 유리하게 만들기 위해 러시아가 전쟁 준비를 갖추기 전에 한반도를 제압하고, 랴오둥반도로 진출해 러시아군을 공격해야 한다고 역설했다. 한편 러시아는 블라디보스토크와 뤼순항을 요새화하고 이곳의 태평양함대로 제해권을 장악한 후 시베리아와 유럽에서 파견하는 육군으로 일본군을 격파한다는 전략을 세웠다. 그러나 뤼순항의 요새화는 끝나지 않았으며, 육군도 시베리아 제3군단의 편성이 완료되지 않은 상태였다. 전쟁에서 러시아가 군사적으로 수세를 면치 못한 이유다.

대한제국은 전시중립이다

러일협상이 결렬 기미를 보이고 전운이 감돌자 대한제국 정부는 중립화 정책의 연장선상에서 전시국외중립(neutrality in a war) 선언을 준비한다. 내장원경 겸 탁지부대신 서리 이용익을 중심으로 강석호·이학균·현상건 등은 프랑스인 교사 마르텔(Martel)과 벨기에인 고문 델쿠아뉴(M. Delcoigne)의 도움을 받아 선언문을 작성했다. 대한제국의 중립 선언은 한반도를 전쟁의 발판으로 하려는 일본에게는 치명적이고, 러시아에게는 유리하다. 러시아가 주장해온 한반도 중립화와 군사적 이용 금지가 실현되면서 일본의 전쟁 수행을 어렵게

하기 때문이다.

주한 일본 공사관은 대한제국의 중립 선언을 저지하기 위한 정탐 활동을 벌인다. 대한제국 정부는 한반도의 전신 업무가 일본의 통제 아래에 있기 때문에 해외에 나가 타전하는 방법을 택한다. 1월 21일 중국 산둥성의 즈푸(芝罘, 현 옌타이煙臺)에 있는 프랑스 부영사를 통해 선언문이 각국에 발송됐다. 외부대신 이지용 명의로 타전된 전시국외중립 선언은 "한국 정부는 그 두 국가와 한국의 사전 협의가 어떻게 되든지를 불문하고 엄정중립"을 지킨다는 것이다.

한국의 기습적인 중립 선언에 일본은 놀랐다. 일본은 한국의 중립 선언을 친러시아적인 행동으로 보고, 고무라 외상은 "중립을 논할 경우가 아니다"라는 공식 입장을 냈다. 일본과 마지막 협상을 벌이고 있는 러시아는 입장을 밝히지 않았다. 협상에 부정적 영향을 끼칠 것을 우려한 때문인지, 중립 선언을 인정해 전쟁 발발을 기정사실화하는 것을 피하기 위해서였는지 알 수 없다.

한국 정부의 국외 중립 성명이 1월 22일 서울의 영국 공사관에 전해졌다. 영국 공사 조던(J. N. Jordan)은 "러일 간에 전쟁이 발발할 경우 한국 정부는 서울을 먼저 점령하는 측의 지배 아래에 들어가게 될 것이며, 한국은 이들의 지시에 따라 움직일 것이 분명하므로 한국의 중립 선언은 중요성이 없다. …… 한국이 러일 양군의 한반도 상륙을 저지하려고 하면 오히려 한국에 불리해진다"고 했다. 일본군의 상륙을 저지하지 말라는 것이다. 미국은 반응을 보이지 않았다. 미국은 이미 중립을 선언해놓은 상태였으나, 독일이나 프랑스가 러시아와 연합할 경우 일본을 지원할 것을 약속하고 있었다. 미국이 실질적으로 영일동맹에 가담하고 있다는 의미다. 후술하는 바와 같이 이러한 미국의 태도는 러일전쟁 중 영국과 함께 일본의 전비 조달에 적극 협조하고, 일본에게 호의적인 입장에서 강화 회담을 주선하는 것으로 연결된다. 프랑스와 독일은 선언문의 접수를 알려왔다. 선언문을 받았다는 것이지 지지한다는 것은 아니었다. 그럼에도 고종은 지푸라기라도 잡는 심정으로, 한국이 전쟁의 위험에서 벗어날 수 있을 것으로 판단했다고 한다.

7. 드디어 전쟁이다

한반도를 점령하라

2월 3일 저녁 7시, 즈푸 일본 영사관 주재무관(소좌) 모리 요시타로(森義太郎)로부터 긴급 전보가 야마모토 곤베(山本權 兵衛) 해군대신에게 도착한다. 러시아 태평양함대(뤼순함대)가 출항 후 행방을 감추었다는 내용이다. 러시아 함대는 훈련을 겸해서 무선전신기를 시험하기 위해 출항했으나, 일본 해군은 일본을 기습하기 위해 출항한 것으로 판단했다. 해군 군령부는 전 해군에 러시아 함대의 기습에 대비해 주요 항만에 기뢰를 설치하고 경계 태세를 갖추도록 명령한다. 이를 배경으로 4일 오전 각의에서 최종적으로 개전을 결정하고,

오후의 어전 회의에서 이를 확인했다. 러시아가 최후 통첩에 대한 회답을 보내오지 않았으며, 한국의 독립과 영토 보전은 일본의 안전에 필요불가결하다는 것이 개전 이유였다(日本外務省,『日本外交文書』37-1, 1904). 곧바로 고쿠라(小倉)에 있는 제12사단에, 임시 파견대를 편성해 인천항으로 출발하라는 명령이 하달된다. 5일에는 한국을 거쳐 만주로 향할 2개 사단에 동원령을 내렸다.

2월 5일 오후 군령부는 한성(서울) 주재 일본 공사관의 해군 무관 요시다 마스지로(吉田增次郞) 소좌에게 서울에서 의주를 거쳐 만주와 연결하는 전신선과, 원산을 거쳐 블라디보스토크를 연결하는 전신선을 절단하라고 명령한다. 러시아 공사관은 본국과 전신 연락이 불가능하게 되었으며, 일본이 국교 단절을 통보한 사실조차 알지 못했다. 같은 날 저녁 7시 즈푸의 모리 소좌로부터 4일 오후 3시 러시아 함대가 뤼순항에 귀환했다는 전보가 도착했으나, 작전은 계속 진행된다. 2월 6일 오후 일본은 러시아에 교섭 중단과 국교 단절을 통보했으나, 러시아는 이를 개전으로 받아들이지는 않았다. 통고문에 "독립 행동을 취할 권리를 보류(保留)하고 있다"고 되어 있기 때문이다. 6일 아침, 연합함대의 제3함대가 쓰시마의 다케시키(竹敷)항을 출발해 저녁 무렵 진해만을 장악했다. 연합함대는 뤼순항을 기습하기 위해 황해(서해)를 북상하고, 연합함대 소속의 순양함 5척과 수척의 구축함(제4전대)은 육군 수송선 3척을 호위해 인천항으로 향했다.

인천에는 약 6,000명의 일본 거류민이 있었다. 러시아의 순양함 바라크호와 포함 코레츠호도 인천항에 정박하고 있었다. 8일 오후 3시, 정박 중이던 코레츠호가 뤼순항으로 가기 위해 출항했다가 외항에서 기다리고 있던 일본군의 공격을 받고 되돌아왔다. 이 공격으로 러일전쟁이 시작됐다.

청일전쟁 때와 마찬가지로 선전포고 없이 기습 공격을 하는 일본의 전쟁 행태는 1907년 네덜란드에서 열린 만국평화회의에서 '개전에 관한 조약'을 성립시키는 계기가 되었으며, 이후 선전포고 없는 기습 공격은 국제법으로 금지된다. 그러나 일본은 만주사변과 중일전쟁, 1941년의 진주만 공격 등에서도 선전포고를 하지 않는다. 근대 일본은 세계에서 가장 많은 전쟁을 치렀지만 한 번도 선전포고를 하지 않았다.

순양함의 호위를 받은 육군 수송선은 아무 저항도 받지 않고 9일 새벽까지 파견대 2,200명을 인천에 상륙시켰다. 인천 상륙 작전은 성공했고, 한국 정부의 국외 중립 선언은 사실상 의미가 없어졌다. 임시 파견대가 상륙을 마친 직후 인천의 일본 영사관은 러시아 함선에게 인천항을 떠날 것을 통고한다. 일본 군함이 기다리고 있다가 인천항을 벗어나는 바라크와 코레츠호에 포격을 가했다. 반격을 가하면서 인천항으로 되돌아온 바랴크호는 병사들을 상륙시킨 후 배의 모든 해수 밸브를 열어 자침하고, 코레츠호는 자폭한다. 인천 앞바다 해전 즉 제물포 해전은 일본의 승리로 끝났다. 항복하지 않고 자침과 자폭을 택한 바랴크호와 코레츠호의 행동은 러시아의 자존심을 지킨 영웅적 행동으로 평가받는다.

바랴크호와 코레츠호의 생존자들은 인천항에 정박 중이던 영국·이탈리아·프랑스 등의 군함에 분승해 크림반도의 세바스토폴로 이동한 후 기차로 상트페테르부르크에 귀환해 대대적인 환영을 받았다. 러일전쟁 100주년을 맞은 2004년 러시아는 인천 연안 부두에 전사자 추모비를 세우고 화려하게 추모 행사를 치렀다. 매년 2월 인천 앞바다에서는 바랴크 함을 추모하는 행사가 이어지고 있다. 조국에 대한 헌신과 희생의 상징으로 바랴크 함은 러시아 교과서와 노래 속에도 살아 있다.

첫 전투에서, 백인과의 전투에서, 승리한 일본 해군은 사기가 올랐다. 같은 날 연합함대의 구축함대는 뤼순 외항에 정박해 있는 러시아 함선에 공격을 가하고 뤼순항을 봉쇄했다. 러시아 함대는 독 안의 쥐 꼴이 되어버렸다. 이날 러시아가, 그 이튿날 일본이 각각 선전포고를 한다. 러시아는 "일본은 러시아의 마지막 회답을 받지도 않고, 교섭이 끝나지 않았는데 뤼순 함대를 기습 공격했다"고 비난했다. 러시아는 마지막까지 교섭을 해서 전쟁을 피하고 싶었음을 알 수 있다. 일본은 "러시아가 만주를 병합하려 하고 있으며, 이는 한국의 안전을 위험하게 하고 일본의 안위에 관계된다"고 했다. 일본이 상투적으로 사용하던 '한국의 독립'이라는 표현 대신 '안전'이라는 표현을 사용했고, 각국에 보낸 선전포고문을 한국에는 보내지 않았다.

2월 8일 인천에 상륙한 선발대 약 2,200명 가운데 2개 대대 1,100명은 다음 날 경인철도를 이용헤 신속하게 서울에 침입했다 (나머지 2개 대대는 18일에 합류한다). 고종의 파천(播遷)을 막기 위해 빨리 서울을 제압할 필요가 있었던 것이다. 서울에는 1896년의 베베르-고무라 협정에 의거해 약 300명의 일본군이 주둔하고 있었다. 그리고 한국 정부에 일본군이 진해·마산·부산 등에 속속 상륙하고 있다는 소식이 전해지면서 긴장감이 감돌았다.

앞서 언급한 바와 같이 일본은 러시아보다 하루 늦게 선전포고를 하게 되는데, 서울 점령 다음 날이다. 청일전쟁 때 경복궁을 점령하고 선전포고를 한 것과 판박이다. 일본에게 한국을 장악하는 것이 전쟁에서 얼마나 중요했는지 알 수 있다. 서울 점령으로 한반도는 사실상 일본의 수중에 들어간 것이나 마찬가지였다. 이 과정에서 대한제국은 아무런 저항을 못 했다.

12일에는 러시아 공사와 공사관 경비병, 민간인들이 서울을 떠나 16일 인천에서 프랑스 함선을 타고 한국에서 철수했다(주러시아 한국 공사는 5월에 철수한다). 러시아 공사 일행이 서울을 떠날 때 일본 군악대가 이별곡을 연주했다. 조롱인지 외국 공사에 대한 예우인지 알 수 없었다. '문명국' 일본의 이미지를 보여주려는 행동이었을 것이다(같은 맥락에서 일본은 러시아 포로 대우에도 신경을 쓴다).

고종은 한국을 떠나는 파블로프 공사에게 비밀리에 사람을 보내 "짐은 이미 일본군의 포로 상태에 있으며 모든 권력을 빼앗겼다. 곧 상황이 변해 러시아가 승리하리라고 확신한다. 앞으로 대한제국은 러시아군에 적극 협조"하겠다는 메시지를 전했다고 한다. 서울을 점령당한 상황에서 고종이 할 수 있는 것은 이것이 전부였으며, 실제로 고종은 러시아의 승리를 믿었다고 한다. 대한제국은 러일전쟁이 발발하고 한일의정서를 통해 한국이 일본의 동맹국이 되었음에도 일본군이 만주로 진입하는 5월까지 주러시아 공사를 소환하지 않았다.

2월 16일에서 27일 사이에 일본군 제12사단이 인천에 상륙하고, 18~25일에는 근위(近衛)사단이, 24~29일에는 제2사단이 대동강 하구의 진남포(현 남포시)에 상륙한다. 이처럼 제1군 3개 사단 및 예하 부대를 합해 약 10만 명 이상이 상륙하고, 한반도는 군사적으로 완전히 일본에 점령된다. 인천에 상륙한 부대는 북상해 3월 21일에는 평양에 사령부를 설치하고 의주로 진격한다. 진남포로 상륙한 부대는 곧장 의주로 이동해서, 4월 말에는 압록강 도하 준비를 마친다. 한편 러시아군은 일본군이 서울을 점령한 이후 기병을 중심으로 의주·평양·안주·정주·곽산 등에서 정찰 활동을 벌였으나, 일본군에 적극 대항하지는 않았다. 일본군의 북진으로 러시아군도 순차적으로 압록강 이북으로 퇴각해 한반도에서 러시아의 그림자를 찾기 어려워졌다.

랴오양을 공격하라

이사이 러시아군은 시베리아철도를 이용해 본국으로부터 병력을 수송하는 데 온 힘을 기울인다. 러시아 측 기록에 의하면 전쟁 발발 당시 러시아의 만주 주둔군은 27개 대대와 22개 기병 부대가 전부였다고 한다. 정규군 9만 8,000명에 경비대 2만 4,000명이다. 상트페테르부르크에서 만주의 묵덴까지 병력과 군수 물자를 수송하는 데 50여 일이 걸렸다. 주력 부대는 3월 중순이 되어서야 겨우 만주에 집결한다. 러시아의 전쟁 준비가 부족했음을 알 수 있다(로스뚜노프 외, 2016). 러시아군이 전쟁 초기에 적극적으로 일본에 대항하지 못하고, 일본군이 쉽게 만주에 진입할 수 있었던 것도 이 때문이다. 전투가 한반도가 아닌 만주에서 전개된 것도 이런 배경에서였다. 러시아는 군사력 미비로 공격적인 전략을 구사할 수 없었고, 방어 전략으로 일관한 것이다. 반면에 일본은 한반도를 점령해 병참 기지화하여 만주에서의 전투 기반을 갖추게 된 셈이다.

4월 29일 일본군 제1군은 압록강을 건넌다. 압록강 도하에도 일본군은 거의 저항을 받지 않는다. 서양의 어느 종군기자는 일본군의 압록강 도하 모습을 "4월 29일 밤에 동쪽 사단이 만주 쪽의 강을 건너기 시작했고 4월 30일에는 그들이 이미 강을 건너 산으로 전진하는 것을 보았다. 그들은 아무 저항도 받지 않았다. 러시아군은 퇴각 중이었다"고 묘사했다(잭 런던, 2011). 도강 직후 일본군은 주롄청(九連城)에서 러시아군과 격전을 벌인다. 러일전쟁 최초의 본격 육상 전투였으나, 러시아군의 퇴각으로 일본군은 5월 1일 주롄청을 점령한다. 11일에는 펑황청(鳳凰城)을 점령하고, 보급을 기다리면서 러시아의 만주군 사령부가 있는 랴오양으로 진격할 준비를 한다.

5월 5일에는 제2군이 랴오둥반도의 중앙부인 옌다아오(鹽大澳)에 상륙하고, 15일에는 랴오둥 지역의 중심지인 진저우를 점령한다. 이어서 25일에는 다롄 가까이 있는 난산(南山)을 공격한다. 전투는 하루 만에 끝났으나, 격전이었다. 러시아군의 기관총 공격으로 일본군 4,387명이 사망하고 포탄 부족에 시달렸다. 30일에는 무방비 상태의 다롄에 입성했다. 이로써 뤼순의 러시아군은 완전히 고립된다. 일본군도 예상보다 많은 사상자와 탄약 부족에 직면한다. 급거 독일과 영국에 45만 발의 포탄을 주문하지만, 그것이 도착하는 12월까지 일본군은 포탄 부족에 곤란을 겪어야 했다.

다롄 점령 후 제2군은 러시아 만주군사령부가 있는 랴오양을 향해 북진하고, 새로 편성한 제3군은 뤼순 공격을 준비한다. 우선 보급을 받은 제3군의 뤼순 공격이 장기화하면서, 랴오양을 향하는 북진군은 투석전을 벌이는 경우도 있었다고 한다. 6월 24일에는 만주에 있는 4개 군을 통괄할 만주군사령부가 설치되었다. 청일전쟁 때 베이징 공격을 위해 편성된 제2군을 지휘했던 오야마 이와오(大山巖)가 사령관에 취임했다. 압록강을 건너 평황청을 점령한 제1군과 제2군에 더해, 히메지(姬路)의 제10사단을 중심으로 편성한 제4군도 랴오양을 공격할 준비를 한다.

한편 랴오양에 있는 러시아의 만주군 사령부도 그사이 본국으로부터 온 증원군과 함께 결전을 준비한다. 일본군 약 13만, 러시아군 약 22만이 집결했다. 러일전쟁 발발 이후 최초로 벌어지는 양국 주력군의 전투다. 8월 24일 일본군이 공략을 시작했다. 26~27일의 공격에서 러시아군이 후퇴하는 모습을 보이자, 28일 일본군은 총공격을 감행한다. 그러나 러시아군의 완강한 저항에 부딪혀 일진일퇴를 거듭한다. 그 사이 제1군이 랴오양을 관통하는 타이쯔허(太子河)를 도하해 러시아군의 배후를 공격할 기미를 보이자 9월 3일 쿠로팟킨 (Aleksei N. Kuropatkin) 만주군 총사령관은 포위될 것을 우려해 퇴각 명령을 내린다. 이튿날 4일 일본군은 랴오양을 점령한다. 1주일간의 격전에서 일본군 1만 3,500명, 러시아군 약 2만 명의 사상가 나왔다. 러시아 기록에는 러시아군 약 1만 7,000명, 일본군 약 2만 4,000명의 병력 손실이 났다고 한다 (로스뚜노프 외, 2016). 일본군은 지쳤고, 포탄도 떨어졌다. 추격은 불가능했다.

랴오양에서 퇴각한 쿠로팟킨 사령관은 보급을 기다리며 지쳐서 랴오양 부근에서 대기하고 있는 일본군의 상태를 파악하고, 10월 8일 총공격을 개시한다. 사허(沙河)를 가운데 두고 벌어진 전투는 18일까지 계속되었다. 약 12만 명이 동원된 일본군에는 사망자 4,099명, 부상자 1만 6,398명이 발생했고, 약 22만 명을 동원한 러시아군에는 5,084명의 사망자와 3만 394명의 부상자가 발생했다. 이후 양측은 적극적인 군사 행동을 자제하면서 사허를 가운데 두고 대치해 진지를 구축하는 등 월동 준비를 한다. 양국군 합쳐 30만 명의 병사가 꼼짝없이 묶여서 봄을 기다리며, 2월 말의 묵덴 대회전을 준비한다. 이즈음 러시아는 본국에서 병사들의 월동 장구를 보냈으나 전쟁이 끝난 후 도착했다고 한다.

뤼순 함대를 격파하라

일본군이 만주에서 전투를 수행하기 위해서는 병사 및 군수품 수송 등을 위한 제해권 확보가 절대적이다. 일본 해군은 러시아의 태평양함대가 주둔하고 있는 뤼순항을 무력화시켜야 한다. 일본 해군은 출구가 좁은 뤼순항 입구에 민간 선박을 침몰시키고 기뢰를 설치해 봉쇄하는 작전을 폈다. 선박 침몰 작전은 2월 18일, 3월 27일, 5월 2일 등 3차에 걸쳐 1,000톤 이상의 상선 21척을 투입했으나, 침몰 지점의 수심이 깊거나, 러시아군의 요새에서 퍼붓는 포격 때문에 접근이 어려워 실패했다. 5월 9일부터는 민간 선박이 아니라 전함을 돌진시켜 봉쇄하려 했으나 역시 실패했다. 그렇다고 러시아 함대가 항구를 벗어나 작전을 할 수 있는 것은 아니나, 일본 함대 역시 뤼순항에 발이 묶여 대치 상황이 계속된다.

러시아는 1901년부터 뤼순항 일대를 요새화하기 시작했다. 1909년을 목표로 방대한 계획을 세웠으나, 예상보다 빨리 전쟁이 발발하면서 요새는 미완공(완공도 40퍼센트)이었다. 제7사단 사령관인 로만 콘트라첸코(Roman I. Kondratenko) 중장은 전쟁 발발과 함께 이전 몇 년에 걸친 것보다도 더 많은 요새 보강 작업을 강행했다. 견고한 콘크리트 요새에는 최신 기관총과 해상을 향한 220문의 야포를 설치했다. 화포 436문을 갖춘 난공불락의 요새가 되었다(전쟁 후 일본은 나라 시노習志野 연병장에 뤼순의 요새를 모방한 구조물을 만들어 요새전을 연구하고 훈련했다). 이렇게 해서 뤼순 일대는 일본군에 대항하는 만주 남부 지역의 거점이 되었으며, 해상과 육상으로부터의 일본군 접근을 막고 있었다. 러시아군은 서둘러 동시베리아 제7저격병 사단을 비롯해 기병·공병 등을 뤼순에 집결시켰다. 약 5만 명이 모였다.

일본 연합함대의 뤼순에 대한 해상 공격과 병행하여, 5월 5일 진저우에 상륙한 제2군은 5월 26일 뤼순 외곽에 있는 난산을 점령했다. 5월 29일에는 뤼순항 공격을 위해 제2군을 나누어 제3군을 창설한다. 사령관에는 황궁과 천황 경호를 책임지고 있던 근위사단장 노기 마레스케(乃木希典)가 임명되었다. 노기는 러일전쟁 후에는 학습원 원장으로서 쇼와 천황의 교육을 맡았으며, 메이지 천황의 장례식 날 부인과 함께 자결함으로써 유명해졌다. 그는 1877년 연대장 시절 반정부군과 싸운 서남전쟁에서 부대기를 빼앗기는 등 뤼순 전투 이전에는 평가가 높지 않았다.

원래 뤼순 함락은 육군의 중요 임무가 아니었다. 그러나 러시아가 제해권 확보를 위해 발트함대 파견을 결정하면서 상황이 변한다. 발트함대와 뤼순의 태평양함대가 결합하면 일본의 연합함대를 능가하여 황해와 동해의 제해권을 장악할 수 있기 때문이다. 제해권을 빼앗기면 만주의 일본군은 보급로가 차단되고, 일본 본토도 위협을 받는다. 뤼순항은 일본 해군에 의해 기뢰로 봉쇄되었으나, 요새화된 뤼순항 안에 정박하고 있는 러시아 함대는 언제든지 황해로 나와 전투력을 발휘할 수 있는 잠재된 위협이다. 일본은 이 위협 요소를 제거해야 하며, 러시아는 항구의 봉쇄를 풀어 함대를 전력화해야 하는 상황이다. 뤼순은 육상전에서도 매우 중요하다. 뤼순은 지리적으로 만주 입구이며 남만주의 거점으로서, 한반도와 베이징을 영향권으로 삼을 수 있는 요충지이다. 또 러시아군의 최대 거점인 하얼빈을 공격하기 위해서도 후방의 뤼순을 반드시 점령해야 한다.

발트함대가 오기 전에 육군이 나서라: 뤼순 전투

일본은 뤼순에 대한 해상 공격이 무위로 돌아가자 육지에서 항구를 점령해 함대를 무력화하는 전략을 구상한다. 한편 러시아는 뤼순항의 태평양함대를 구출하고 제해권을 확보하기 위해 유럽의 발트함대를 파견하기로 한다. 4월 30일 러시아 정부는 뤼순항과 블라디보스토크항에 있는 극동함대를 제1태평양함대로 개칭했다. 그리고 유럽을 근거지로 하

는 발트함대를 제2 태평양함대(편의상 발트함대라 한다)로 편성
해 제1 태평양함대 즉 극동함대와 합류시키기로 한다. 발트
함대와 태평양함대가 합류하면 일본 연합함대의 두 배가 된
다. 그러면 일본의 제해권을 빼앗고 보급로를 차단해 만주에
서의 일본군 전투력을 약화시킬 수 있다. 게다가 본토를 위
협할 수도 있다. 러일전쟁의 승패를 가를 대전략이다. 전투
에 참가한 러시아 병사는 뤼순 전투의 중요성을 다음과 같
이 기록했다.

> 뤼순이 전쟁의 목적이다. 일본이 뤼순을 점령하면 전쟁의 절
> 반은 승리하게 된다. 우리는 제2함대의 기지를 상실한다. 뤼순
> 함락과 동시에 영국과 미국 등 일본의 구미 우방국은 반드시
> 일본에게 재정 지원을 할 것이다(로스뚜노프 외, 2016).

7월 11일 연합함대 사령관 도고 헤이하치로는 대본영에
"발트함대의 동항(東航)에 대비할 절박한 처지다. 하루빨리
뤼순을 공략하는 길밖에 없다. …… 모든 수단을 강구할 것
을 요청한다"고 급박하게 도움을 요청한다. 한편 뤼순함대는
일본이 육상으로부터 공격할 것을 우려해 함선을 블라디보
스토크로 이동하기로 하고 8월 10일 뤼순항을 나왔으나, 기
다리고 있던 일본 연합함대의 공격을 받았다(황해 해전). 순

양함 1척이 자침하고, 좌초 1척, 나포 1척, 억류 4척, 사상자 400명을 냈다. 연합함대는 약 250명의 사상자를 냈을 뿐 함선에는 별 피해가 없었다. 이후 뤼순함대는 함선의 포를 육상 요새에 배치하고 승무원을 육상 부대에 편입하는 등 사실상 해군으로서의 기능을 포기하고, 항구 사수를 위한 방어전으로 목표를 변경한다. 일본은 이러한 사정을 알 수 없어 뤼순함대가 여전히 건재한 것으로 판단하고 뤼순항 공략에 매달렸다.

해군의 요청을 받은 제3군은 병력 9만 명과 포병의 지원을 받아 뤼순 공격을 감행한다. 전투는 이듬해 1월까지 이어졌다. 특히 10월 15일 발트함대가 발트해의 리바우(Libau)항을 출발했다는 소식이 전해진 후, 11월 말에서 12월 초에 걸친 203고지에 대한 일본군의 총공격은 러일전쟁에서 가장 치열한 전투로 꼽힌다(중국에서 얼링싼尓尓山이라 불리는 이곳은 203미터의 구릉이지만 뤼순항이 한눈에 들어오는 요충지다). 발트함대가 도착하기 전에 뤼순항을 점령해 함대를 무력화시켜야 하는 국가의 운명을 건 전투였다.

일본군이 만주에 들어오고 뤼순항이 봉쇄되면서 뤼순 지역의 러시아군은 고립되었다. 그러나 요새에 배치한 러시아군의 기관총이 상상을 초월하는 위력을 발휘하면서 8월부터 시작된 일본군의 공세를 잘 막아내고 있었다(이 전투 이후 전

세계적으로 기관총의 시대가 도래한다). 대포와 기관총으로 무장한 요새를 점령하기 위해 일본군은 시체를 방패 삼아 무조건 산기슭을 기어오르는 무모한 전략까지 구사했으나, 실패를 거듭했다. 결국 일본군은 본토에서 해안 방어용으로 사용하던 28센티미터 유탄포(榴彈砲) 18문을 수송해 요새 공격용으로 사용하면서 전세는 일본으로 기울었다. 러시아로서는 뤼순항을 함락당하면 뤼순항에 발이 묶여 있던 일본의 연합함대에게 해상 주도권을 내주게 되고, 만주 남부에서의 거점도 상실하기 때문에 사력을 다해 방어에 임했다.

12월 5일에는 가장 치열한 전투인 203고지의 두 개 산봉우리가 일본군에 점령되었다. 그 후에도 러시아군은 참호전과 갱도전을 전개하며 끈질기게 저항한다. 뤼순 요새 건설을 진두 지휘했고 '영웅'적으로 전투를 이끈 로만 콘트라첸코 중장이 12월 15일 전사한다. 뒤를 이은 아나톨리 스테셀(Anatolii M. Stoessel) 장군이 1904년 1월 1일 갑자기 항복하면서 병사들은 전부 포로가 된다. 항복 당시에 요새에는 3만 2,400명(부상자 5,809명 포함)의 병사와 마필 3,000두, 대포 610문, 기관총 9정, 식량 약 2개월분 이상이 남아 있었다. 저항 여력이 남아 있었던 것이다.

전투를 지휘한 일본 노기 장군이 "산의 형태를 몇 번이나 바꾸었고, 철혈(鐵血)이 산을 덮었다"고 할 정도로 203고지 전투는 치열했다. 이 전투에서 그는 두 아들을 잃었다. 임진왜란에서 20세의 아들을 적의 칼날에 잃고, 또 다른 아들과 함께 전투에 나서 승리로 이끈 이순신 장군의 모습과 겹쳐 보이는 장면이다. 일본은 뤼순 공격에 총 13만 명을 동원했으며, 러시아군의 5배가 넘는 약 6만 명의 사상자를 냈다. 무조건 점령해야 한다는 국가적 강박관념의 결과였다. 전쟁 후 203고지에서 사용된 포탄의 파편을 모아 만든 약 10미터 높이의 위령탑이 지금도 있다. 전사자 숫자를 통보받은 일본 참모본부는 6,000명을 6만 명으로 잘못 보고한 것으로 착각했다고 한다. 세계적으로는 근대전의 대량살상의 위력이 처음으로 입증된 전투였다.

요새를 점령한 일본군은 산 위에서 내려다보며 뤼순항에 정박해 있던 러시아 함대에 포격을 가해 궤멸시켰다. 뤼순 전투의 승패는 러시아군과 일본군 전체의 사기에 결정적 영향을 미쳤다. 뤼순항 함락과 태평양함대 괴멸에 대한 러시아 국민들의 분노는 정부로 향했다. 러시아 정부는 조기 항복의 책임을 물어 1908년 2월 스토셀리에게 사형을 선고했다 (1909년 4월 10년 금고형으로 감형).

러일전쟁에서 전체적으로 일본은 독일식의 화력주의에 치중했으며, 러시아는 프랑스식의 백병주의를 주로 채택했다. 독일식의 화력주의는 신속한 기동으로 소총과 포병의 화력을 집중해 상대를 제압하는 방식이며, 프랑스식의 백병주의는 견고한 진지를 구축해 상대의 공격을 방어하고 기회를 보아 화력의 지원을 받으면서 상대에 접근해 제압하는 방식이다. 약 5개월간 치열하게 전개된 뤼순의 공방은 화력전과 백병전의 전형이었으며, 1870∼71년의 프로이센-프랑스 전쟁의 재현이었다.

너무나 지쳤다, 가장 큰 전투: 묵덴 회전

뤼순 전투가 끝나고 일본 육군은 모든 전력을 결집해 만주의 심장인 묵덴으로 향했다. 일본은 전쟁 발발 이래 약 1년간 랴오양 전투와 뤼순 전투 등에서 승리했으나, 당시 세계 최대의 육군국으로 평가받고 있는 러시아를 상대로 전쟁을 오래 끌기에는 전비는 물론 심리적 부담도 컸다. 게다가 시베리아철도의 수송력이 점차 개선되면서 러시아는 만주로 군을 계속 증원하고 있는 상황이었다. 일본은 청일전쟁의 경험에서 처음부터 한정 전쟁의 전략을 취했다. 전쟁 기간은 약 1년 정도, 완전한 승리가 아니라 적당한 승리 국면에서 강화를 한다는 구상이다. 중국도 그랬지만 대국 러시아에게 완승을 하는 것은 무리라고 여긴 것이다.

러시아는 병참을 시베리아철도에 의존할 수밖에 없었다. 전쟁 초기 시베리아철도의 수송 능력은 크지 않았고, 시간도 많이 걸렸다. 전쟁 초기 한 달 반 동안은 하루에 병력 1개 대대, 0.5기병중대, 포 3문 정도로 증가할 뿐으로 시베리아철도의 병력 수송은 한 달에 5만 명 정도였다. 단선인 철도의 수송력을 높이기 위해 하얼빈에 도착한 열차는 병사와 군수물자를 내린 후 차량을 다시 돌려보내지 않고 창고나 막사, 또는 연료로 사용하고, 기관차는 모아서 일괄적으로 돌려보냈다.

러시아는 만주에 전쟁 물자와 병력을 수송하는 시간을 벌기 위해 가능하면 전투를 늦춰야 했다. 반대로 일본은 가능하면 조기에 승부를 걸어야 했다. 시베리아철도의 수송 능력은 예상보다 빨리 향상되었다. 이 때문에 일본군은 러시아군이 더 증원되기 전에 무리를 해서라도 일전을 불사해야 했다. 러일전쟁이 전체적으로 러시아가 방어적이며 일본이 공세적이었던 것도 이러한 이유 때문이다. 일본은 만주의 전 병력을 동원해 묵덴의 러시아군을 포위해 갔다. 하루빨리 러시아의 주력 부대를 격파하고 전쟁 의지를 꺾어 강화로 끌고 갈 필요가 있었다.

러시아군은 본국으로부터 보급과 증원을 기다리며 묵덴을 중심으로 전투태세를 가다듬었다. 일본군은 2월 21일에 묵덴 근교의 칭허청(淸河城)을 공격해 24일 성을 함락했다. 3월 1일 본격적으로 묵덴을 포위하고 공격해 들어갔다.

3월 8일까지 양군의 치열한 공방이 전개되었다. 추위와 전투에 병사들은 기진맥진해 최후의 일격을 가하는 쪽이 승리할 지경에까지 이르렀다. 그런데 예기치 않게 9일, 쿠로팟킨 러시아 만주군 총사령관은 하얼빈으로 총퇴각을 명령한다. 100년 전 나폴레옹 전쟁 때 사용한 이른바 작전상 후퇴다. 러시아 본국에는 아직 약 100만 명의 육군이 대기하고 있고, 시베리아철도의 수송력 향상을 배경으로 장기전을 계획한 것이다. 또 러시아군의 북상은 일본의 보급선을 길어지게 해서 전투 능력을 떨어뜨리는 점도 있다. 그러나 계속된 패배와 후퇴로 러시아군의 사기는 떨어지고, 퇴각하면서 약탈과 상관에 대한 명령 불복종 등이 빈발해 군대로서의 기능을 잃어갔다.

러시아군의 퇴각 다음 날 일본군이 묵덴에 무혈입성하면서 묵덴 전투는 일본의 승리로 막을 내렸다. 일본 육군은 그 다음 해부터 이날을 기념일로 한다. 일본군도 장기간의 행군과 전투로 전투력이 떨어지고, 병력·포탄·물자 부족에 시달렸다. 러시아군을 추격할 보급선 유지도 어려웠다. 묵덴 전투는 길이 155킬로미터, 종심(縱深) 80킬로미터의 광대한 전선에서 1905년 2월 21일부터 3월 10일까지 21일간 계속되었다. 1813년 나폴레옹 전쟁의 라이프치히 전투 이후 제1차 세계대전 발발까지 세계에서 가장 큰 규모의 전투였다. 일본군 25만 명, 러시아군 31만 명이 투입되었다. 러시아군 약 9만 명, 일본군 약 7만 명의 사상자와 포로가 발생했다. 그 가운데 러시아군은 약 3만 명 이상이 포로로 잡혔으나, 일본군 포로는 1,000명 미만이었다. 이 전투는 러일전쟁 사망자의 80퍼센트 이상이 발생한 대회전(大會戰)이다.

묵덴에서의 퇴각을 굴욕으로 받아들인 니콜라이 황제는 쿠로팟킨 만주군 총사령관을 1군 사령관으로 좌천시켰다. 그의 좌천은 러시아군의 퇴각을 작전상 후퇴에서 패배로 만들어버렸다. 처음에는 유럽의 언론도 러시아군의 퇴각을 작전상 후퇴로 보도했으나, 그 이후 러시아의 패배와 일본의 승리가 각인되었다.

병력도 탄환도 동났다: 하얼빈 공격 포기

러시아는 잘 훈련된 부대를 유럽 국경에 배치하고, 만주에는 대부분 징병제로 모집된 농민들로 구성된 예비 병력을 투입했다. 러시아는 전쟁을 심각하게 보지 않은 것이다. 또 계속되는 패배로 장병들의 사기는 떨어지고 규율도 이완되었다. 장기간의 참호 생활과 진지 구축에 따른 중노동은 병사들을 힘들게 했다. 병사들의 탈주도 빈발하고, 탈주병을 잡아 소속 부대로 복귀시키는 특별 부대를 편성할 정도였다.

또 1905년 1월 상트페테르부르크에서 발생한 '피의 일요일' 사건도 병사들에게 큰 영향을 미쳤다. 증원 부대 도착과 함께 볼셰비키 혁명의 선전 활동이 활발해지고 "전쟁을 멈추라" "패배의 범인은 전제 정치다" 등의 구호가 등장해 병사들의 동요도 심했다고 한다. 현장 분위기와 달리 차르(tsar) 정부는 국내의 반정부 혁명 세력을 억제하기 위해서도 만주에서 승리할 필요가 있었다. 묵덴을 포기하고 하얼빈으로 퇴각함으로써 이러한 희망은 사라져버렸다. 황제가 쿠로팟킨을 좌천시킨 가장 큰 이유다.

일본군은 전투에서 승리했으나, 러시아군을 괴멸시키지 못했다. 퇴각하는 러시아군을 추격하지도 못했다. 러시아군은 방어 진지를 구축하며 일본군의 추격에 대비했다. 이후 만주에서 전투다운 전투는 없었다. 일본군도 지치고 보급도 제대로 이루어지지 않았다. 총알이 떨어져 투석전을 벌인 경우도 있었다고 할 정도다. 러시아군과 일본군은 다 같이 한계에 직면했다.

전쟁은 일본의 예상보다 큰 소모전이었다. 1904년 5월의 난산 전투에서 이틀간 3만 발의 포탄을 소모했는데, 이것은 개전 전 예측 소모량의 반년 치에 해당하며, 일본의 3개월 치 포탄 생산량이다. 뤼순의 제1차 공격과 9월의 랴오양 공격 즈음에는 포탄이 거의 바닥났다. 급히 독일과 영국에 45만 발의 포탄을 발주했으나, 12월 이후에 도착했다. 일본은 전체 포탄 소모량의 43퍼센트를 수입에 의존했다. 소총 탄알도 사정은 비슷했다(야마다 아키라, 2019).

이러한 사정을 감안해 육군참모본부는 묵덴 전투 직후인 3월 11일, 수비에 적합한 톄링(鐵嶺) 부근까지 전진한 후 (하얼빈을 향한) 그 이상의 북진은 명령하지 않는다. 대신에 빠른 시일에 블라디보스토크를 점령하고, 적절한 시점에 사할린을 점령한다는 작전 계획을 세웠다. 여기에서 방점은 러시아군의 최대 거점인 히얼빈 공격을 포기한 것이다. 블라디보스토크와 사할린 점령은 군사적 측면보다는 러시아 영토 일부를 점령해 러시아를 강화로 끌어내기 위한 정치적 의도가 깔려 있었다. 병참감부(兵站監部)의 계획으로는 하얼빈 공격을 위해서는 병참을 위한 철도 보수가 이루어져야 하며, 최종적으로는 1년 2개월 후에야 하얼빈 공격이 가능한 것으로 되어 있었다. 탄약이 고갈되고 병사들도 지치고 전비 마련을 위해 외채를 모집하고 있는 상황에서 1년 이상 전쟁을 계속하고 대작전을 전개하는 것은, 군사적·재정적으로 불가능하다는 의미다.

그리고 참모본부는 하얼빈을 점령한다고 해도 군사적으로는 "일본 쪽의 소모만 크고 러시아 쪽에는 큰 타격을 주지 못한다"는 의견을 달았다. 즉 러시아에게 군사적 타격을 가하기 위해서는 하얼빈을 점령하고 모스크바까지 공격할 각

오가 있어야 하는데 그것이 불가능하니 일본이 군사적으로 러시아를 굴복시키기는 어렵다는 의미다(古屋哲夫, 1966).

강화를 준비하라

이러한 상황을 반영해 3월 23일 야마가타 아리토모 참모 총장은 내각에 의견서를 제출한다. 그는 "러시아는 본국에 아직 (100만 이상의) 강력한 병력이 있으나 일본은 전 병력을 다 소모했다. 러시아는 장교가 부족하지 않으나 일본은 많은 장교를 잃었으며 보충이 불가능"하다며 정치적으로 전쟁을 종결해야 한다고 역설했다. 3월 28일에는 고다마 겐타로(兒 玉源太郎) 만주군 총참모장이 귀국해 "병력도 탄환도 모두 소 진되었다. 하루라도 빨리 전쟁을 끝내야 한다"고 호소한다. 더 이상 전쟁 수행이 불가능하며, 장기전이 되면 일본이 패 배할 수 있다는 절박성을 엿볼 수 있다. 그러나 묵덴 전투의 승리로 일본 국민들은 흥분했다. 전선을 더욱 확대해 연해주 를 점령해야 한다는 주장도 분출했으나 여력이 없다.

정부는 군부의 의견을 받아들여, 4월 21일 각의에서 강화 를 위한 절대 조건과 가능하면 확보해야 하는 조건을 결정 했다. 절대 조건은 한국에 대한 자유 처분권, 러일 양군의 만 주 철수, 랴오둥반도 조차권과 하얼빈-뤼순 간 철도(동청철도 지선)의 양도 등 세 항목이다. 가능하면 확보해야 하는 조건은 군비 배상, 중립항으로 도망간 함정의 인도, 사할린 할양, 연해주 연안 어업권 획득 등 네 항목이다. 이처럼 일본은 정치·군사적으로 강화를 하지 않을 수 없는 상황에 직면한 것이다. 문제는 육상전의 패배를 만회하기 위해 전년 10월에 발트해를 출발한 러시아의 발트함대가 일본을 향해 점점 가까워지고 있다는 점이다. 발트함대의 활약 여하에 따라 강화냐 전쟁 계속이냐, 승리냐 패배냐가 가려지게 된다. 러일 양국에게 절체절명의 순간이 다가오고 있다.

8. 일본의 흥망이 달렸다:
쓰시마 해전

모든 함선을 동원하라: 발트함대

뤼순 함락과 묵덴 회전 패배, 그리고 국내의 사회주의 혁명 기운의 확산에도 불구하고 러시아 황제는 발트함대에 기대를 걸고 최후의 결전에 임한다. 만주에서는 패했으나, 해상 전투에서 승리해 제해권을 확보하면 일본 본토를 위협하고 대륙으로 가는 보급을 차단할 수 있다. 반대로 일본은 제해권을 상실하면 본토가 위협받고, 만주에서 거둔 승리가 무위로 돌아간다. 진정한 승패는 러시아 발트함대와 일본 연합함대의 해상 결전에 달렸다.

발트함대는 상트페테르부르크 방위에 필요한 최소한의

함대만 남기고 총동원됐다. 전함 7척(1만 4,000톤급 신함 5척, 노후함 2척), 순양함 7척(신함 4척, 노후함 1척, 쾌속함 2척), 경순양함 5척, 수뢰정 9척에 장기간의 항해에서 발생할 환자를 위한 병원선도 포함되었다. 함선 수리용 공작함, 필요 물품을 제공할 수송함, 증기기관에 필요한 담수를 공급하는 탱커, 고장 난 함선을 끌 예인선도 추가되었다.

니콜라이 황제는 1904년 10월 9~10일 이틀에 걸쳐 발트함대 22척의 전 함선을 순시하고, 함장과 장교들을 위한 만찬도 가졌다. 발트함대에 거는 기대를 알 수 있다. 함대는 15일 발트해의 리바우항을 출발해서 5월 27일까지 7개월(220일)에 걸쳐 북해, 대서양, 희망봉, 인도양, 남중국해를 거쳐 1만 8,000해리(3만 3,340킬로미터)를 항해한다. 지구 한 바퀴에 조금 모자라는 거리다. 당시로서는 상상을 웃도는 대규모의 항해였다.

항로의 대부분은 영국 해군의 세력 아래 있기 때문에 석탄과 물의 보급, 병사들의 휴식, 함선 정비 등을 위한 기항이 어렵다. 러시아와 동맹 관계에 있던 프랑스마저도 1904년 4월 체결된 영국-프랑스 협상과 영국의 압력으로 중립을 선언하고 러시아 함대의 프랑스 기항을 허용하지 않았다. 이 때문에 처음부터 연료·식수·식량 등을 최대한 적재해서 출항해야 했다. 갑판에도 석탄을 실을 정도의 과적으로 배수량을 초과했기 때문에 정상적인 항해가 힘들었다. 제2태평양함대(발트함대)는 쉽게 이기리라고 생각했던 전쟁이 고전하게 되면서 갑자기 편성되었기 때문에 예비역이나 경험 없는 젊은 병사들로 구성되었으며, 병사들을 훈련시킬 여유도 없었다. 휴식도 없이 좁은 배에서 장기간 생활해야 했던 병사들은 극도의 피로와 사기 저하로 전투 수행이 어려울 지경이었다.

이러한 사정을 감안한 지노비 로제스트벤스키(Zinoviy P. Rozhestvenskiy) 발트함대 사령관은 처음에 이 계획에 반대했다. 함선과 병사들의 훈련 상태, 보급 문제 등으로 장기 항행은 불가능하다고 판단한 것이다. 로제스트벤스키가 출항식 때 병사들에게 "우리는 이기지 못할 것이다"라고 연설했다는 믿기 어려운 에피소드도 있다. 또 흐트러진 함대의 모습을 '양 떼'로 묘사한 경우도 있다. 당시 발트함대의 형편을 짐작하게 한다.

길고 긴 항행

함대는 출발 1주일 만인 10월 22일 영국 어선을 공격하는 도거뱅크(Dogger Bank) 사건을 일으킨다. 북해의 짙은 안개로 인해 영국의 트롤 어선을 적의 수뢰정으로 오인해서 포격을 가해 침몰시켰다. 신경이 곤두선 러시아 함대의 실수였다. 24일 영국 신문은 발트함대를 '광견(狂犬) 함대'라 비난하며 함대를 억류할 것을 정부에 요구한다. 영국 정부는 해군에 동원령을 내리고 러시아에 사죄, 보상, 책임자 처벌을 요구했다. 지중해의 지브롤터에는 발트함대를 능가하는 영국의 해협 함대(Channel Fleet)가 대기하고 있었다. 러시아의 대응에 따라서는 전쟁이 일어날 수 있는 상황이었다. 러시아는 바로 영국의 요구를 받아들여 사건은 일단락된다. 이 사건을 계기로 영국과 일본은 더 가까워지고, 영국과 러시아는 더 멀어졌다.

11월 3일 발트함대는 모로코 탕헤르(Tánger)항에 도착한다. 로제스트벤스키 사령관은 함대를 둘로 나누어 항해하기로 한다. 함대 전체가 일본의 기습을 받는 위험을 피하고 노후 함선의 항행 거리를 단축하기 위해 일부는 수에즈 운하를 통과하고 대형 주력함은 4,000킬로미터 이상을 우회해서 아프리카 남단 희망봉을 돌기로 한 것이다. 과적으로 인해 흘수선(吃水線)이 높아진 대형 주력함은 수에즈 운하를 통과할 수 없었다고 한다(수에즈 운하는 1만 2,000톤급 이상은 통과가 어렵다). 또 다른 설명으로는 일본 해군의 수뢰정이 수에즈 운하 부근이나 홍해에 잠복해 있다는 잘못된 정보와 노후 함선 때문이었다고 한다.

어쨌든 주력 함대가 희망봉을 돌아 긴 여정을 택함으로써 전력이 크게 약화한 것은 사실이고, 일본 해군과의 전투에서 패배하는 큰 원인이 됐다(稻葉千晴, 2016).

수에즈 운하를 통과한 함대와 희망봉을 돌아 온 함대는 12월 29일 프랑스의 식민지 마다가스카르섬의 작은 항구 노시베(Nosy-Be)에서 합류한다. 원래는 마다가스카르의 디에고수아레스항에 기항할 예정이었으나, 동맹국인 프랑스가 기항을 거부해 급거 변경한 것이다. 발트함대가 이곳에 도착했을 때에는 뤼순항의 제1 태평양함대는 일본 해군의 봉쇄로 거의 궤멸 상태였다. 이 소식을 접한 로제스트벤스키 함대사령관은 뤼순의 태평양함대와 합류해 일본 연합함대를 격파하고 제해권을 확보한다는 당초의 목표를 바꾼다. 일본 해군과의 전투를 피해 바로 블라디보스토크항으로 가서 전열을 재정비하고, 동해를 중심으로 작전을 전개해 일본을 위협한다는 것이다.

마다가스카르에서 합류한 발트함대는 약 2개월 반 동안 이곳에 머물면서 증기기관용 담수를 보충하고 병사들을 쉬게 했다. 1만 명 이상의 병사들이 상륙했으나, 민가가 형성되어 있지 않아 여전히 좁은 배 안에서 술을 마시면서 지친 심신을 달래거나, 몰려든 현지 여성들과 어울려 지내는 등 규율이 흐트러졌다. 탈주병이 빈발하고, 무더위 탓에 환자가 속출했다. 자살하는 병사도 있었다. 이곳에서만 80명 이상의 병사가 사망했다(稲葉千晴, 2016). 소련 시절 이곳에 위령비가 건립되었다. 발트함대는 3월 16일 인도양을 향해 출항한다.

뤼순함대의 궤멸 소식을 접한 러시아 정부는 남아 있는 노후 함선을 모아 추가로 제3태평양함대를 편성해 발트함대의 전력을 보강하기로 한다. 제3함대는 2월 3일 리바우항을 출발해 3월 24일 수에즈 운하에 도착했으며, 인도양을 거쳐 싱가포르를 통과하고 5월 9일 프랑스령 인도차이나(베트남) 캄란(Cam Ranh)만에서 본대와 합류한다. 그 후 발트함대 전체는 블라디보스토크항으로 가기 위해 쓰시마해협(대한해협)으로 향한다.

진해항이 일본을 살린다: 연합함대

일본의 연합함대는 말 그대로 함대를 전부 합쳐 편성한 것이다. 전시에 일사불란한 통제를 위한 임시 편성이다. 러일전쟁 때에는 제1, 제2, 제3함대를 연합함대로 편성했고, 총지휘관인 함대사령관을 사령장관(司令長官)이라 했다(여기서는 편의상 함대사령관이라 한다). 1905년 1월 뤼순 전투 패배로 뤼순항에 정박 중이던 러시아의 제1태평양함대(뤼순함대)는 전멸했다. 그 후 일본 연합함대는 한반도에서 가까운 사세보항과 구레(吳)항에서 정비를 마치고 발트함대를 맞을 준비를 한다. 연합함대는 과거 러시아가 눈독을 들였던 마산 일대의 진해만을 대기 장소로 했다. 진해만은 블라디보스토크항으로 향하는 발트함대가 통과할 가능성이 가장 높은 쓰시마해협과 가까우며, 지형과 수심, 넓은 수면 등 군항으로서의 요소를 잘 갖추고 있다. 또 사세보와 구레 등 함선 수리를 위한 일본 군항과도 멀지 않다. 진해만이 일본의 운명을 구할 장소로 선택된 것이다. 정비를 마친 함선들은 진해만에 집결해 훈련을 거듭했다. 1년 사용할 포탄을 10일 동안의 연습 사격에 쓸 정도의 맹훈련이었다. 훈련을 마친 제1, 제2함대는 진해에서, 노후 함선이 많은 제3함대는 쓰시마의 아소만(淺茅灣)에서 발트함대를 기다리기로 한다.

도고 헤이하치로 함대사령관이 탄 기함(旗艦, 지휘함) 미카사호(三笠號)도 2월 21일 진해만에 들어왔다. 도고는 일찍이 영군 해군에서 근무했으며, 청일전쟁 발발의 신호탄이 된 영국 선적의 중국군 수송함 가오성호(高陞號)를 기습해 침몰시킨 주인공이다. 공식 기록으로는 잘 확인되지 않으나, 그가 이순신 장군을 가장 존경했다는 에피소드는 일본에도 널리 알려져 있다. 뤼순 전투의 노기 마레스케와 함께 러일전쟁의 두 영웅으로 유명하다. 미카사호는 지금도 요코스카항에 세계 3대 기념함의 하나로 전시되어 있으며, 일본이 자랑거리로 삼고 있다.

일본 해군 군령부는 발트함대의 항행을 추적하는 데 총력을 기울인다. 러일전쟁이 가까워지자 정보를 담당하는 군령부 3반은 각국 주재 해군 무관, 재외 공관 및 미쓰이물산(三井物産) 등 민간 회사의 해외 지사 등을 총동원해 러시아 함대의 움직임을 파악하기 위한 정보망을 구축해두고 있었다. 심지어 러시아 신문 기자를 고용하는 계획도 세운다.

군령부는 4월 초 말레이시아 페낭의 영국 총독부를 통해 발트함대가 말라카해협을 통과해 남중국해로 접근하고 있다는 정보를 입수한다. 군령부는 외무성의 협조를 얻어 싱하이·아모이·홍콩·마닐라·방콕 등 중국 및 동남아시아에 있는 재외 공관과 민간 회사의 각 지사에도 발트함대의 동선과 규모, 함선 종류, 예상 진로 등에 대한 정보를 수집하도록 한다. 홍콩과 통킹만을 왕복하는 영국 상선에게는 통신비와 정보의 중요도에 따라 보너스도 지급하는 등 정보 수집에 전력을 기울였다. 민간 회사원의 접대를 위해 해외에 나가있던 여성 접대부들의 활약도 컸다고 한다(稻葉千晴, 2016).

레이더나 비행기가 없는 시절에 함대 움직임은 육안으로 확인할 수밖에 없다. 적의 함대를 먼저 발견하고 정확한 정보를 획득하는 쪽이 절대 유리하다. 연합함대로서는 발트함대의 움직임을 파악해 예상 진로에 잠복해 있다가 기습하는 것이 가장 중요하다.

발트함대가 블라디보스토크로 가는 데에는 대한해협, 쓰

시마해협, 일본 본토와 홋카이도 사이의 쓰가루해협, 홋카이도와 사할린 사이의 라페루즈해협(소야해협) 등 4개 항로가 있다. 쓰가루해협과 소야해협은 일본 동쪽의 태평양을 우회해서 북상해야 하기 때문에 이용 가능성이 낮으나, 허를 찌를 수도 있다. 연합함대에서는 발트함대가 소야해협을 통과할 것이라는 의견과 쓰시마해협을 통과할 것이라는 의견으로 갈렸다. 하지만 함대사령관 도고 헤이하치로는 쓰시마해협을 통과할 것으로 확신했다.

발트함대를 찾아라

섬나라 일본은 사방으로 열려 있는 해상에서의 공격에 가장 취약하다. 적의 함선을 조기 발견해 방어하는 것이 최상이다. 청일전쟁 직전 일본 해군은 전국 해안에 15개의 망루를 설치했다. 그 후 러시아의 위협에 대비해 상설 망루를 32개로 늘렸다. 러일전쟁 발발과 동시에 1904년 2월 11일 가설 망루 75개를 추가하기로 한다. 여기에는 일본뿐만 아니라 한반도와 타이완도 포함되었다. 한반도의 경우는 1904년 2월 15일에 시작해서 쓰시마 해전에 돌입하기 직전인 1905년 4월까지 울릉도·울산·거문도·제주도·원산·죽변·홍도 등 주로 동·남해를 중심으로 16곳에 망루를 설치한다(1905년 8월까지 독도를 포함해 총 20개를 설치했다). 전쟁 초기

에는 블라디보스토크 함대의 남하를 감시하기 위해서였으며,
그 후에는 발트함대를 겨냥한 것이었다.

군령부는 발트함대가 남중국해를 항행할 즈음인 4월 중
순에 함대 발견을 위한 경계선(警戒線)을 설정한다. 남쪽은
제주도-도리시마(鳥島)선(제6경계선)을, 북쪽은 죽변-울릉
도-독도-오키(隱岐)섬-지조자키(地藏崎, 시마네현島根縣)선(제
5경계선)을 범위로 해서, 이 사이를 바둑판처럼 6등분해 조밀
하게 경계선을 설정했다. 제1경계선은 쓰시마와 부산 가덕
도를 연결하는 선이며, 제2경계선은 쓰시마와 이키노시마(壹
岐島, 나가사키현)를 연결하는 선이다. 이곳을 가장 중요시한
다는 의미이며, 전투 해역으로 상정한 조처다. 울산과 후쿠
오카현의 아이노시마(相島)를 연결하는 제3경계선, 거문도와
나가사키현의 시라세지마(白瀨島)를 연결하는 제4경계선도
설치했다.

전체적으로 보면 한반도가 경계선의 한 축이 되어 있으
며, 제5경계선에 포함된 울릉도와 독도의 전략적 가치를
알 수 있다(稻葉千晴, 2016). 일본이 쓰시마 해전 직전인 2월
25일 한국 몰래 독도를 편입한 것도 이러한 이유에서였다.
설사 한국이 일본의 독도 편입을 알았다고 해도 전시 체제
아래서 일본의 불법 편입을 막지는 못했을 것이다.

베트남 캄란만에서 합류한 제3태평양함대와 로제스트벤

스키 함대사령관의 본대는 5월 14일 출항한다. 장거리 항해에 지친 병사들의 상태와 연료 부족을 우려한 함대사령관은 최단거리인 쓰시마해협을 통과하기로 한다. 일본 함대와 마주쳐 전투를 하더라도 함선의 손실은 크지 않고 대부분의 함대가 블라디보스토크에 도착할 수 있을 것으로 판단한 것이다. 5월 25일 일본 함대의 무선을 감청한 결과 일본 함대가 자신들을 발견하지 못했음을 알고, 적에게 발견되지 않도록 무선전신 사용을 금지했다. 무선전신 사용 금지로 함대 지휘에 통신 공백이 발생하는 것을 생각지 못한 것이다. 그리고 2척의 병원선에만 최소한의 조명을 허락하고 탐조등을 끈 채로 항행을 한다. 가능하면 5월 27일(러시아 달력으로 13일의 금요일)을 피해서 쓰시마해협을 통과하려고 일렬종대로 아주 느린 속도로 나아갔다(로스뚜노프 외, 2016).

한편 연합함대는 발트함대가 캄란만을 출발한 이후의 행방을 놓쳐버렸다. 통상적으로 약 8노트의 속도라면 5월 22일경에는 쓰시마해협에 모습을 드러내야 했으나, 23일까지도 행방이 묘연했다. 발트함대가 최대한 속도를 늦춰 항행하고 있었기 때문이다. 발트함대의 행방을 놓친 군령부와 연합함대 사령부는 억측에 휩싸였다. 가능성은 두 가지였다. 발트함대가 동중국해의 저우산(舟山)열도를 점령해 기지화한 후 일본의 연합함대와 결전을 벌여 동중국해와 황해의 제해권 장악을 시도하거나, 쓰가루해협을 통과하기 위해 태평양으로 우회했을 가능성이다. 물자 보급 등의 문제로 첫 번째의 가능성은 크지 않다. 5월 24일 연합함대는 쓰시마해협을 포기하고 쓰가루해협을 향해 북상하기로 한다. 쓰가루해협에는 러시아 함대의 통과를 막기 위해 기뢰를 설치해놓고 있었다. 발트함대가 해협을 통과하려면 기뢰를 제거하는 등 일정한 시간이 필요하다. 그사이에 연합함대가 북상해도 늦지 않다며 군령부는 연합함대에게 북상을 자제하라고 권고한다. 25일 연합함대는 장기 항해에 지친 발트함대가 태평양을 우회할 심리적 여유가 없을 것이라 판단하고 쓰시마해협에서 더 기다리기로 한다.

이런 긴박한 상황에서 27일 오전 2시 45분 제4경계선과 제6경계선 사이에 상선으로 가장해 파견되어 있던 순양함 시나노마루(信濃丸)가 러시아 함대의 병원선에서 새어나오는 불빛을 발견한다. 확인을 위해 함대로 접근한 시나노마루는 오전 4시 57분 "적 함대에서 (증기기관의) 연기 같은 것이 보인다"고 타전한다. 5분 후에 다시 "적의 제2함대 발견"이라는 암호문을 타전한다. 5시 5분 진해에서 대기하고 있던 도고 헤이하치로 연합함대 사령관에게 발트함대 발견이 전해진다. 도고는 즉시 출항 명령을 내리고, 기함 미카사호를 타고 쓰시마해협으로 향했다. 쓰시마에 대기하고 있던 제3함대는 5시 34분 출항해 10시경 발트함대를 발견한다. 기함 미카사와 정보를 교환하고 왼쪽 전방에서 함대를 따라가면서 전투태세에 들어간다(稻葉千晴, 2016). 발트함대에도 9시경 러시아 병원선으로부터 일본 순양함을 발견했다는 보고가 들어왔다. 로제스트벤스키 함대사령관은 전투태세를 명했으나, 일본 함대의 규모도 정확히 파악하지 못하고, 뚜렷한 전투 계획도 세우지 않았다. 적절히 대응하면서 가급적 빨리 블라디보스토크항으로 간다는 생각이었다.

동양의 '기적'이라 한다

5월 27일 오후 1시 39분, 쓰시마해협의 동쪽 수로로 북상하는 발트함대가 연합함대의 시야에 들어왔다. 도고 함대사령관은 "황국(皇國, 일본)의 흥망은 이 일전에 달려 있다"고 병사들을 격려하고 전투에 돌입한다. 연합함대는 적함 앞에서 180도 급회전하여 T자 형태로 적의 앞을 가로막고 집중 포격을 가하는 전법으로 주력함부터 포화를 퍼부었다. 러시아가 자랑하는 신예 전투함 5척이 화염에 휩싸였다. 사실상 이것으로 승패는 갈렸다. 전투 시작 30분만이다. 불의의 일격을 당한 발트함대는 적절한 대응을 하지 못하고 우왕좌왕하면서 대열도 흐트러졌다. 그 이후는 연합함대가 흩어져서 도망가는 러시아 함대를 추격해서 격침시키는 일방적인 전투가 진행된다.

오후 3시경, 북상하던 로제스트벤스키 사령관이 탄 지휘함 수보로프(Knyaz Suvorov) 호가 공격을 받는다. 배는 침몰하고 사령관은 옆에 있던 수뢰정 부이니(Buinii)호로 옮겨 탔으나, 부상으로 지휘 능력을 상실했다. 지휘권의 공백 속에서 함선들은 개별 대응을 하면서 위기를 탈출하는 오합지졸이 되어버렸다. 28일 오후 7시 20분, 블라디보스토크로 가기 위해 울릉도를 향해 가던 로제스트벤스키 사령관의 부이니호는 추격하는 일본 함선을 향해 백기를 흔들었다. 도고 연합함대 사령관은 포격 중지를 명령했다. 전투는 끝났다.

발트함대는 장기간의 항해로 병사들은 지쳤고, 제대로 정비를 받지 못한 함정의 상태는 함포 발사에 어려움이 있을 정도였다. 무엇보다도 일본과의 전투를 상정하지 않은 안이함이 큰 패인이었다. 블라디보스토크로의 무사 귀환만 생각하고 전투 준비를 하지 않고 있었다. 작전도 없고 지휘 계통도 잘 확립되어 있지 않아 대응 공격을 하지 못한 것이다.

쓰시마 해전에 참가한 함정 수는 일본 측이 99척, 러시아가 39척이다. 구축함·수뢰정과 같은 소함선을 제외하고 순양함 이상의 함정은 러시아가 24척, 일본이 18척이다. 러시아의 총전력은 약 16만 톤, 일본은 22만 톤이며, 신예 전함이나 순양함에서는 큰 차이가 없다. 38척의 발트함대 중 19척이 격침되고 5척이 투항했다. 병원선 2척은 나포되고, 7척이 중립항(필리핀 마닐라와 중국 우쑹吳淞)에서 무장 해제되고, 1척은 마다가스카르로 도주했다. 블라디보스토크로 향하던 1척은 울릉도 앞바다에서 침몰했다. 블라디보스토크에 도착한 것은 순양함 1척과 수뢰정 2척이다. 4,886명이 사망하고, 로제스트벤스키 함대사령관과 부상자를 포함해 6,106명이 포로로 잡혔다. 울릉도 앞바다에서 자침한 철갑순양함 돈스코이(Dmitriy Donskoy)호에는 많은 금화와 금괴(군자금)가 실려 있었다는 풍문을 낳아 최근까지 한국에서 지속적으로 발굴이 시도되었지만 실패로 끝났다. 돈스코이호에 대한 보물선 환상은 아직도 계속되고 있으나, 순양함에 금괴를 싣고 올 이유는 없다.

로제스트벤스키 함대사령관은 포로 생활을 하면서 치료를 받고 종전 직전 귀국한다. 귀국 후 군법회의에 넘겨졌으나 무죄방면됐다. 그는 패배의 원인이 포탄의 명중률에 있었다고 했다. 실탄 보급이 되지 않아 병사들의 훈련은 부족했고, 배 밑바닥의 이물질을 제거하지 못했을 뿐 아니라 석탄 등의 과적으로 함정의 속도가 떨어진 것도 원인이었다. 결국 함대의 장거리 항해 자체가 무리였다는 이야기다. 발트함대의 궤멸로 러시아는 발트해 연안과 수도 상트페테르부르크를 수비할 함정마저도 남아 있지 않았다. 러시아 해군 자체가 전멸한 것이나 마찬가지였다(稻葉千晴, 2016).

일본의 피해는 러시아와 비교할 수 없을 만큼 적다. 수뢰정 3척 격침, 사망 117명, 부상자 583명이었다. '동양의 기적'이라 일컫는 이 전투를 레닌은 "이렇게 무참하게 패배하리라고는 아무도 생각하지 못했다"고 술회했다고 한다. 일본에서는 이 전투를 '일본해 해전'이라고 하나 영어로는 '쓰시마 해전(Battle of Tsushima)'이라 한다. 러시아도 쓰시마 해전으로 표기한다. 전투 지역을 두고 보면 대한해협 해전 또는 쓰시마해협 해전이라 해야 한다. 어쨌든 이 전투는 세계적으로 일본의 승리를 각인시키는 결정적 장면이 되었다.

러시아는 더 이상 전쟁을 계속하기가 어려워져 강화를 고려하지 않을 수 없게 되었다. 전력을 소진한 일본도 4월 21일 각의에서 결정한 대로, 쓰시마 해전의 승리를 강화에 유리한 조건으로 연결시키려 한다. 5월 31일 고무라 주타로 외상은 다카히라 고고로(高平小五郎) 주미 공사에게 훈령을 보내, 루스벨트 대통령에게 러시아와의 강화를 의뢰하라고 했다. 그 이후 사실상 전투다운 전투는 없고, 일본의 승리가 거의 확정된 상태에서 강화 국면으로 접어든다.

9. 한국에게는 제2의 청일전쟁이었나

일본군, 계엄령을 선포하다

1896년의 베베르-고무라 협정을 근거로 서울에는 일본군 약 300명과 러시아 공사관 호위병 60~70명이 주둔하고 있었다. 1904년 2월 8일부터 9일 새벽에 걸쳐 4개 보병 대대로 이루어진 일본군 임시 파견대 약 2,200명이 인천에 상륙했다. 인천항에 정박 중이던 러시아 함대에 대한 기습 공격과 거의 동시에 상륙이 이루어진 것이다. 그 가운데 2개 대대는 인천 주변의 경비를 맡고 나머지 2개 대대 약 1,100명이 9일 낮 인천 역에서 철도로 서울에 침입한 것에 대해서는 앞서 언급했다. 병사들은 시내 이현(泥峴, 진고개)에 있는 일본인 거리와 남산의 왜성대(倭城臺, 현 남산공원)에 있는 수비대 병영에 합류했다. 원래 있던 300명과 합쳐 1,400명의 일본군이 서울에 주둔하게 된 것이다. 인천에도 1,100명의 병사가 주둔했으며, 한반도 주변 해역의 제해권도 확보한 상태였다. 같은 날, 하야시 곤스케(林權助) 공사는 공사관 무관 이지치 고스케(伊知地幸介) 소장을 대동하고 고종을 알현해, 황제의 존엄과 한국민의 안전을 보증한다고 통보했다. 일본군은 아무런 저항을 받지 않고 서울을 완전 점령한 것이다(金正明 編, 『日韓外交資料集成』第5卷, 1967). 서울 점령으로 한반도는 사실상 일본에 수중에 들어간 것이나 마찬가지였다. 육군성 편 『1904, 1905년 전역 육군정사(明治三十七八年戰役陸軍政史)』(제1권)의 '계엄령 실행에 관한 대방침'에는 군정 아래서 군 사령관에게 전권(全權)을 위임할 수 있다고 규정하고 있다. 일본이 군정을 펴고 계엄령을 실시했다는 사실을 보여준다. 한반도는 일본군의 계엄령 아래에 들어간 것이다.

1905년 1월 시어도어 루스벨트 미국 대통령이 헤이(John Hay) 국무장관에게 보낸 편지에서 "한국인은 자신들을 위해 주먹 한번 휘두르지 못했다. …… 한국인들이 자신을 위해서 하지 못한 일을, 한국인들을 위해서 해주겠다고 나설 국가가 있으리라고 생각하는 것은 불가능하다"고 언급한 것은 당시 러일전쟁에 임한 대한제국과 열강의 태도를 상징한다. 일본은 서울을 점령한 다음 날 러시아에 선전포고를 한다. 일본에게 한반도 장악이 전쟁 시작의 전제였음을 말해준다. 한국이 저항을 하거나 러시아와 손을 잡는 등의 상황에서는 전쟁 수행이 불가능하기 때문이다. 청일전쟁 때도 마찬가지였다.

2월 13일 일본 점령하 고립무원의 고종 황제는 제물포(인천) 해전의 승리를 축하하는 칙어를 하야시 공사에 전하고, 한반도에 상륙하는 일본군에게 숙소와 군수품 제공 등 최대한의 편의를 제공하기로 한다. 이로써 전쟁에 임박해 선포한 대한제국의 국외 중립은 소멸하고, 일본군에 협력하는 형태가 된다. 일본은 중립 선언을 주도한 이용익을 22일 일본으로 강제 압송한다(그는 1905년 1월에 귀국하고, 보성전문학교를 설립했다).

일본은 서울을 점령한 상태에서 2월 23일, 강압적으로 한일의정서를 체결한다. 이를 통해 사실상 일본의 한반도 점령은 정당화된다. 의정서의 주요 내용은 "대한제국 정부는 시정 개선에 관해 일본 정부의 충고를 듣고(제1조), 한국 정부는 일본 정부의 행동이 용이하도록 충분히 편의를 제공하고 일본은 군략상 필요한 지점을 적절히[臨機] 수용할 수 있으며(제4조), 일본 정부의 승인 없이 이 협정의 취지에 반하는 협약을 제삼국과 체결할 수 없다(제5조)"는 내용이다. '시정 개선'이라는 이름으로 일본은 한국의 내정 간섭권을 확보하고, 한반도를 자유로이 군사적 목적에 사용할 수 있게 되었으며, 한국이 제삼국과 협정을 체결할 외교권도 박탈했다. 러일전쟁을 일본의 한국에 대한 식민지 지배의 시작으로 보는 것은 이 의정서를 기초로 한다. 특히 의정서 제4조를 근거로 일본은 한반도를 병참 기지화한다. 광대한 토지를 군용지로 점령하고, 통신 기관을 접수하고, 경부(京釜)·경의(京義) 철도 부설권을 장악한다.

일본 정부는 5월 30일 "한국의 존망은 일본의 안위에 관련되기 때문에 결코 외국에 빼앗길 수 없다"는 '대한 방침(對韓方針)'을 결정하고, 다음 날에는 '대한시설강령(對韓施設綱領)'을 확정한다. 강령은 일본군의 영구 주둔, 외교권 장악, 재정 감독, 교통기관 및 통신기관 장악, 일본인 농민 이주 등을 내용으로 하고 있다. 그 연장선상에서 1904년 8월에는 일본이 추천하는 재정·외교 고문을 두도록 하는 한일협약을 체결해 한국 정부의 외교권과 재정권을 장악한다. 러일전쟁 기간 중의 전시 체제 아래서 이루어진 이러한 일련의 과정을 통해 일본은 한국 식민지화의 기초를 구축한다.

일본군의 주력 부대인 제1군 3개 사단 및 예하 부대 10만 명 이상이 한반도에 상륙했으나, 이들 부대의 대부분은 1904년 5월에 압록강을 넘어 만주로 갔다. 그렇다고 한반도에서 일본군이 사라진 것은 아니다. 3월 15일에는 이전에 주둔하고 있던 한국 주차대(駐箚隊)가 주차군으로 격상되어 치안 유지와 일본군의 지원 임무를 수행한다. 서울의 2개 대대(1,100명)를 비롯해 부산·원산·인천·평양에도 주차군이 설치된다. 7월 3일 한국 주차군은 일본인 이외의 자에게 적용되는, 사형을 포함한 임의 처벌이 가능한 군율(軍律)을 발포해 사실상의 전시 계엄 체제를 갖춘다. 20일에는 헌병대가 서울 근처의 치안 업무를 수행하게 했으며, 1905년 1월 6일에는 군율이 한반도 전체로 확대되고, 헌병대의 치안 활동도 강화되었다(金正明 編, 『朝鮮駐箚軍歷史』, 1967). 이상과 같은 조치로 한반도는 완전히 일본의 전시 체제 아래에 들어갔으며, 한국 정부의 통치권은 무력화되고, 주권 행사는 불가능했다. 일본군이 실질적인 지배권을 가지게 되었으며, 전쟁이 끝난 후에도 일본군은 철수하지 않고 지배를 계속한다.

그뿐만 아니라 해상도 완전히 일본 해군의 수중에 들어갔다. 전쟁 초기 일본 해군은 뤼순항을 공략하고 황해에서의 제해권 확보를 위해 목포 앞바다의 팔구포(八口浦)에 함대사령부를 설치했다. 뤼순항 함락 후에는 진해에 함대 정박지를 설치해 쓰시마 해전을 준비했다(러일전쟁 후 진해에는 해군 진수부鎭守府 즉 사령부가 설치된다). 이렇게 해서 러일전쟁 중에 일본 육해군 수만 명이 한국에 주둔한 것이다.

흰옷을 입은 짐꾼들이 길을 뒤덮었다

러일전쟁 때 한반도에서 전투다운 전투는 거의 없었다. 소규모 전투도 북부 지역에 한정되었기 때문에 민중들이 직접 전투의 피해를 당한 경우도 많지 않았다. 이런 이유 때문에 한국인의 전쟁에 대한 인식도 강하지 않았을 것이다. 오히려 한반도 북부에 진출한 러시아군의 문란한 규율이 비난의 대상이 되었다.

1904년 4월 이후 육지에서의 전투는 만주로 옮겨간다. 만주가 주전장이 되면서 한반도는 후방 병참 기지 역할을 하게 된다. 일본이 한반도를 점령한 가장 큰 이유이며, 특히 전쟁 물자 운반을 위한 역부(役夫) 동원이 대표적이다. 자동차가 거의 없고 도로가 정비되지 않은 상태에서 군수 물자 운반은 한국인의 역부에 의존할 수밖에 없었다.

일본은 한일의정서 제4조 "한국 정부는 일본 정부의 행동을 용이하게 하기 위해 충분한 편의를 제공할 것"을 확대 해석해 이를 동원의 근거로 삼았다. 한반도에서 전투를 벌인 일본 육군 제1군의 병참사령부가 1904년 3월 중순 이후 평안남·북도 지역에서 하루에 고용한 한국인은 최대 14만 명에 이르렀다고 한다(차경애, 2010). 일본군을 위한 역부는 사람이 거의 없는 만주 지역의 전투에도 동원되었다. 한반도에서 전투가 없는 5월 이후의 신문에도 '역부 징발' 관련 기사가 많이 보인다. 1904년 8월 9일 자 「황성신문」에는 일본 헌병사령부가 남부의 4개 도에 중국 안둥에서 작업할 역부를 각 2,000명씩 할당했다는 기사가 실렸다. 같은 시기에 일본군은 만주 랴오양에서 도로 건설에 종사할 역부 1만 4,000명(경기도와 삼남 지방에서 8,000명, 황해도와 평안도에서 6,000명)의 징발을 요구했다(국사편찬위원회, 1960). 이와 관련하여 8월 16일 자 「대한매일신보」는 "최근 일본이 역부 모집을 지시한 데 대해서, 관찰사와 군수들이 매우 곤란해하고 있다"고 보도했다.

러일전쟁 기간 중 한반도의 역부 동원 숫자는 알 수 없다. 일본은 청일전쟁 때 군수 물자 이동에 큰 애로를 겪었다. 해외에서 치르는 전쟁이었던 탓이다. 군수 물자를 나르기 위해 군부(軍夫)를 본토에서 데려오는 경우가 많았는데, 전체 병력의 약 3분의 1 내지 4분의 1을 차지했다. 그러나 청일전쟁의 학습효과인지 모르나, 러일전쟁 때는 군수 물자 운반에 한국인을 강제 동원해 현지 조달하는 경우가 많았다. 일본이 청일전쟁 때보다 한반도에서 훨씬 강력한 전시 체제를 구축하고, 주차군이 임의 처벌이 가능한 군율을 필요로 했던 이유다.

청일전쟁 때에는 30만 명 이상의 일본군 군속(대부분 군부)이 해외, 즉 전쟁터에서 근무했으나 전쟁 규모가 훨씬 큰 러일전쟁 때는 약 5만 4,000명 정도에 지나지 않았다. 나머지는 한국인을 동원한 것이다. 참고로 참모본부가 편찬한 『1894, 1895년 일청전사(제8권)』(參謀本部 編纂, 1907)는 "청일전쟁기에 연인원 1,241만 명의 조선·청국·타이완인이 사역했다"고 기록하고 있다. 약 8개월의 전쟁 기간 중 매월 약 150만 명이 동원된 셈이다. 러일전쟁에서는 동원 규모가 훨씬 컸을 것이나, 정확한 규모는 알 수 없다. 러일전쟁 종군기자 잭 런던(Jack London)은 의주 방문에서 "동양 군대의 필수품인 쌀과 생선, 간장과 정종을 짊어진 흰옷을 입은 짐꾼들(조선인-인용자)이 길을 뒤덮었다"고 적고 있다(잭 런던, 2011).

또 한반도를 관통하는 경부철도와 경의철도는 러일전쟁 중에 급속히 완성됐다. 예를 들면 경부철도의 성현(省峴)-부강(芙江)의 194킬로미터 구간은 하루 평균 1.6킬로미터의 속도로 공사가 진행되었다. 경부철도는 착공 3년 9개월 만인 1905년 5월 28일 완공된다. 경의철도는 1904년 3월 말에 착공해 1906년 4월 3일에 완공했다. 530킬로미터를 733일 만에 완성한 것이다(高成鳳, 2006). 군사력을 배경으로 한 군율의 시행으로 대량의 노동력을 동원했기 때문에 가능했다. 동시에 동원에 대한 한국인의 저항도 빈번하게 발생했다.

한편 일본은 앞서 언급한 '대한시설강령'에 입각해 1904년 6월, 전쟁과는 전혀 관련이 없는 황무지 개척권을 한국 정부에 요구한다. 전쟁 발발과 함께 군용지와 철도용지를 수용한 데 더해 황무지 개척권을 요구한 것은 전시 체제에 편승해 한국을 식민지화하려는 의도를 드러낸 것이다. 일본의 요구는 전 국토의 3분의 1이나 되는 황무지에 대한 개척·정리·척식 등 일체의 경영권을 일본인에게 위임하는 것이다. 일본은 "과잉 인구를 이식하고 부족한 식량을 공급"하기 위해 황무지 개척권을 요구했다고 한다. 역부 동원이 전쟁 수행을 위한 것이라면 황무지 개척권 요구는 한국 민중의 토지를 약탈하는 것이다. 이를 통해 한국 민중은 러일전쟁이 한반도 식민지화의 성격을 내포하고 있음을 인식했을 것이다.

일본의 요구가 알려지자 7월 13일 신기선(申箕善)을 회장으로 보안회(保安會)가 결성되어 전국적인 반대 운동이 일어나고, 일본은 이를 단념한다. 고종의 주치의였던 독일인 리하르트 분쉬는 1904년 8월 13일, 그의 어머니에게 보낸 편지에서 "여기 서울에서는 몇 주 전에 민중 봉기가 일어났습니다. 그러자 일본은 도시를 장악하고 남산에서 대포를 쏘는 등 단호하게 대처했습니다. …… 한국인은 일본의 술책에 농락당한 것을 깨달았습니다"라고 당시의 분위기를 적고 있다 (리하르트 분쉬, 1999).

이러한 일본의 '식민지화' 정책은 한국인이 전쟁 성격을 새롭게 규정하는 계기가 된다. 러일전쟁이 일본의 한국 침략 전쟁이라는 인식이 생겨나기 시작한 것이다. 그 후 신문의 논조도 전체적으로 조금씩 반일 성격을 띠게 된다. 고종이 1905년 러시아 황제에게 보낸 몇 차례의 친서에서 "일본의 내정 간섭이 갈수록 커지고 있다"고 호소하며 지원을 요청한 것도 이러한 배경에서다. 요약하면 1904년 중반 이후 전쟁 중에 전개한 일본의 전시 지배 정책은 한국인의 저항을 불러오고, 한일 간의 대립 구도를 형성하게 된다. 이 구도는 그 이후에도 계속된다. 그 연장선상에 한일병합과 독립운동이 존재하며, 러일전쟁과 한일병합의 접점은 여기에 있다.

한국인은 친일적이었나?

그러면 한국인들은 이 전쟁을 어떻게 받아들였을까. 당시 신문에는 전쟁을 인종 간의 전쟁으로 인식하고 지역적 단결을 호소하는 기사가 다수 발견된다. 신문은 일본군의 서울 진입을 '일병 입성(日兵入城)'이라 전하면서 일본이 중립 선언을 무시한 데 대해서는 언급하지 않았다. 2월 13일 자 「황성신문」은 '러일협상 과정 개요'란 해설 기사에서 "러시아의 행동이 결국 타협의 여지를 없애" 전쟁에 이르렀다며 러시아 책임론을 부각시켰다. 다음 날에는 인천항 전투의 승리를 축하하는 도쿄의 모습을 전하고, 20일 자에서는 러시아 황제의 선전 조칙을 간단히 소개하면서 일본 천황의 선전 조칙 전문(全文)을 실었다. 이질적인 백인종보다는 동질성을 가진 일본에 대한 친근감은 자연스러운 현상일 수 있다.

일본에 경도된 이러한 경향은 상대적으로 러시아에 대한 부정적 이미지를 형성하게 된다. 미국 특파원 잭 런던은 그의 종군기에서 한국인은 "러시아를 영원한 적으로 여기고 있고…… 한국인은 일본군을 두려워하는 것 같지 않았고, 오히려 그들의 보호를 받으려 하는 것 같았다"고 적었다 (잭 런던, 2011). 영국 「데일리메일」 특파원 매켄지(Frederick A. Mckenzie)도 "처음 몇 주 동안 도처에서 일본인과의 우호적인 관계를 지겹게 들었다"고 언급했다.

이들의 기록을 보면 한국 민중은 전쟁에 대한 관념이 희박했으며, 이 전쟁과 한국의 관련성을 잘 인식하지 못했던 것으로 보인다. 국가의 운명을 자기 운명과 동일시하는 근대적 의미의 국민의식이 성숙하지 못했기 때문에 전쟁이 국가와 자기의 운명에 어떤 영향을 미치는지를 인식하지 못한 것이다. 이러한 상태에서 한국 민중은 상대적으로 러시아보다 일본에 우호적인 태도를 보였는데, 인종주의적 인식이 크게 작용했을 것이다.

당시 한국인의 러일전쟁에 대한 인식은 인종주의와 청일전쟁에 대한 경험 등을 배경으로 매우 복잡했다. 이러한 정황을 안중근 의사는 「동양평화론」에서 다음과 같이 기술하고 있다.

(러일전쟁 당시-인용자) 한·청 양국 국민은…… 도리어 일본 군대를 환영하고 그들을 위해 운수(運輸)·치도(治道)·정탐(偵探) 등의 수고를 아끼지 않고 힘을 기울였다. 이것은 무슨 이유인가. 거기에는 두 가지 큰 사유가 있었다. 일본과 러시아가 개전(開戰)할 때, 일본 천황의 선전포고문 중에 동양 평화를 유지하고 대한 독립을 공고히 한다 했으니(일본 천황의 선전포고문에 "대한 독립을 공고히 한다"는 표현은 없다-인용자), 이 같은 대의(大義)가 청천백일의 빛보다 더 밝아 한(韓)·청(淸) 인사는 지혜로운 이나 어리석은 이를 막론하고 일치동심해서 복종했음이 그 하나이다. 또한 일본과 러시아의 다툼이 황·백인종의 경쟁이라 할 수 있으므로 지난날의 원수졌던 심정이 하루아침에 사라져버리고 도리어 큰 하나의 인종 사랑 무리(愛種黨)를 이루었으니 이도 또한 인정의 순리라 가히 합리적인 이유의 다른 하나이다.

일본이 한국을 식민지화한 첫걸음인 한일의정서가 체결되기 하루 전인 1904년 2월 22일 자 「황성신문」에는 한중일 삼국이 공수동맹을 맺어 러시아의 침략에 대항해야 한다는 논설이 실렸다. 다음 날 한일의정서가 체결되었지만 그에 관한 보도는 없고, 3월 1일에 한일의정서에 대한 비판적 논평이 게재되었을 뿐이다. 한일의정서 체결에 대한 반대 운동도 거의 없었다.

한일의정서는 청일전쟁 때 일본과 조선 사이에 체결된 '조일(朝日)잠정합동조관' 및 '대조선국 대일본국 양국맹약'과 거의 유사하다. 당시의 언론이나 민중은 러일전쟁을 청일전쟁과 같은 맥락에서 한일의정서를 이해한 것은 아닐까. 청일전쟁이 끝나고 합동조관과 양국맹약은 해소되었고, 일본군도 철수하면서 한국의 독립이 유지되었다. 한일의정서도 전쟁 수행을 위한 임시적인 것이기 때문에 전쟁이 끝나면 해소될 것으로 봤으며, 한국의 독립도 유지되는 것으로 판단했을 가능성이다. 단 청일전쟁 때의 양국맹약에는 "청국과 화약(和約)이 이루어지는 날 폐기한다", 즉 전쟁을 위한 임시적인 것이라는 규정이 있으나, 한일의정서에는 이 규정이 없어 그 효력은 계속되는 것이다. 이 점에서 한일의정서는 전쟁 수행뿐만 아니라 한반도 식민지화를 위한 것이었다고 할 수 있는데, 한국인들은 이 점을 간과했을지 모른다.

어쨌든 당시 한국에서는 청일전쟁과 러일전쟁은 흡사하다고 여겼던 것 같다. 또 앞서 지적한 바와 같이 당시 한국인들은 전쟁의 원인을 한국 문제가 아니라 만주 문제라고 보고, 전쟁을 통해 만주 문제가 해결되면 한국의 독립은 유지되는 것으로 생각했을 것이다. 청일전쟁 후에 한국이 독립을 계속 유지했던 것과 같은 맥락에서의 인식이다. 단적으로 말히면 러일전쟁과 청일전쟁은 일본의 상대가 청국에서 러시아로 바뀌었을 뿐이다. 청일전쟁의 결과 타이완은 일본의 식민지가 되었지만 한국은 독립을 유지한 것과 마찬가지로, 한국인은 러일전쟁 후에도 한국은 독립을 유지할 것으로 생각하지 않았을까. 일본의 침략 속성을 일았다면 당시 한국인이 친일적인 태도를 취하지는 않았을 것이다.

10. 만주와 조선을 얻다:
포츠머스조약

강화를 절실하게 희망한다

일본은 쓰시마 해전의 승리를 전 세계에 각인시켰다. 그
러나 더 이상 전쟁을 수행할 능력은 고갈되었다. 러시아 정
부도 국내외적으로 더 이상 전쟁을 수행할 권위를 상실했다.
일본이 더 시급했다. 일본은 루스벨트 미국 대통령에게 강화
를 주선해 달라고 요청한다(청일전쟁을 종결하는 시모노세키조약
도 미국이 중개했다). 루스벨트 대통령은 러일 양국에 "문명 세
계의 평화를 위해 강화회의의 개시를 절실하게 희망한다"는
내용의 문서를 보냈다. 전쟁을 수행할 여력을 상실한 러시아
도 제안을 받아들인다.

강화회의의 권고를 받은 러시아 정부 내에는 아직 만주로 병력을 파견할 여력이 남아 있으므로 전쟁을 계속해야 한다는 의견도 강했다. 그러나 전쟁을 계속하면 일본이 블라디보스토크·아무르강·캄차카반도 등으로 공격해 올 것이며, 국내 정세도 불안정하기 때문에 전쟁을 종결해야 한다는 의견으로 기울었다. 강화에 임하되 일본이 받아들이기 어려운 조건을 제시하면 전쟁을 계속한다는 것이 결론이었다. 러시아는 영토 할양, 배상금, 동청철도 양도, 태평양에서의 함대 주둔 금지 등의 네 가지는 받아들일 수 없다는 것을 강화 조건으로 삼았다. 일본은 이미 재정이 고갈되었으며, 열강도 일본이 더 이상 강해지는 것을 원하지 않기 때문에 이러한 조건이 받아들여질 것으로 봤다.

한편 일본은 강화회의에서 협상력을 높이기 위해 7월 9일 사할린 상륙 작전을 전개해 8월 1일에 사할린 전체를 점령한다. 강화조약에서 사할린의 남쪽 절반을 할양받은 것은 이 때문이다. 청일전쟁 때도 일본은 똑같은 행동을 했다. 청일전쟁을 종결하기 위해 이홍장과 회담을 진행하면서 일본군은 타이완의 펑후제도를 점령한다. 그리고 시모노세키조약에서 타이완과 펑후제도를 할양받았다.

8월 9일 미국 뉴햄프셔주의 소도시 포츠머스에서 강화 회담이 시작되었다. 일본의 전권대표는 전시 외교를 지휘한 고무라 주타로 외상이다. 원래는 이토 히로부미나 야마가타 아리토모 등 원로들이 대표로 가야 하나 협상이 쉽지 않을 것을 예상해 소극적이었다고 한다. 러시아는 1903년 8월 재무상에서 해임된 후 전쟁에 직접 관계하지 않았던 비테를 전권대표로 파견했다. 그는 1903년까지 11년간 재무상을 지냈으며, 시베리아철도 건설을 추진하는 등 극동 정책을 주도했었다. 니콜라이 황제는 그를 탐탁지 않게 여겼으나, 모두 나서기를 주저해 그를 파견했다고 한다.

더 이상은 위험하다

일본은 전쟁 시작 얼마 후인 1904년 4월에 이미 각의에서 강화 조건을 정했다는 데 대해서는 앞에서 언급한 대로이다. 한국에 대한 자유처분권, 만주에서의 러일 양국 군대 철수, 랴오둥반도의 조차권 및 하얼빈-뤼순 간 철도(동청철도 지선)에 대한 권리 등은 양보할 수 없는 '절대 조건'이다. 그 외 배상금, 중립국에 피난해 있는 러시아 함선의 인도, 사할린 할양, 연해주 연안의 어업권 등은 가능하면 확보하는 것으로 했다. 부가 조건으로 극동에서의 러시아 해군력 제한과 블라디보스토크항의 무장 해제를 들었다. 한마디로 한반도와 만주, 극동으로부터 러시아의 세력을 완전히 몰아내는 것이다. 러시아 영토에 대해 직접적인 공격도 없었고 치명적인 타격을 가하지도 못한 상태에서 전쟁이 끝났다. 그렇기 때문에 러시아의 보복 전쟁으로부터 일본의 안전을 확보하고 한반도 지배와 만주의 이권을 차지하기 위해서는 만주와 극동에서 러시아군을 구축해야 한다는 구상이다.

회담 과정에서 만주에서의 양국군 철수, 랴오둥반도 조차지와 동청철도 지선 할양 등은 쉽게 합의가 이루어졌다. 동청철도 지선 할양은 하얼빈이 아니라 일본군이 점령하고 있는 창춘에서 뤼순까지로 했다. 창춘은 묵덴과 하얼빈의 중간 지점으로, 그 후 일본의 만주 침략의 거점이 되었으며, 만주국 시절에는 신징(新京)으로 개칭해 수도가 된다. 이것으로 일본의 절대적 필요조건은 거의 충족된 셈이다.

한편 사할린 할양과 배상금 지불에 대해 러시아는 완강히 저항한다. 전쟁에서 항복한 것이 아니기 때문에 영토 할양과 배상금 지급은 받아들일 수 없다는 입장이다. 8월 12일 니콜라이 황제는 일본의 요구에 굴하지 말고 교섭을 중단하라고 지시했다. 교섭이 중단되면 전쟁이 계속된다. 교섭이 결렬 위기에 놓이자 루스벨트는 일본에게 배상금의 포기를 종용했으며, 다른 열강들도 대체로 같은 입장이었다. 전쟁을 계속하기 어려운 일본은 점령하고 있는 사할린의 북부 지역을 돌려주는 대신에 배상금 12억 엔을 요구하는 타협안을 제시했으나, 러시아는 이것도 거절했다. 결국 8월 29일 북위

50도를 기준으로 사할린을 남북으로 분할해 남사할린을 일본에 할양하고 배상금은 지불하지 않는 것으로 타협이 성립한다.

포탄이 동날 정도로 국력을 소진하고, 전쟁을 계속하면 승리를 장담할 수 없는 일본은 배상금이 없어도 전쟁을 종결하지 않을 수 없었던 것이다. 더 이상 버티면 위험해질 수도 있는 상황이다. 협상단이 머무는 호텔에서는 한계 상황에서 무배상 강화를 받아들이지 많을 수 없는 고무라 주타로 전권대표의 울음소리가 자주 들렸다고 한다. 어쨌든 전체적으로 보면, 배상금과 블라디보스토크항의 무장 해제를 제외하고는 일본의 요구가 거의 받아들여진 것이다. 일본 정부는 대체로 만족했으나, 러시아 황제는 불만스러웠다. 9월 5일 강화조약이 정식 조인되고, 약 20개월에 걸친 전쟁이 끝났다. 비테는 이 전쟁이 "고상한 평화(강화)"로 끝났다고 했지만, 러시아의 패배를 숨길 수는 없었다(로스뚜노프 외, 2016).

국민과 군대를 팔아먹었다, 전쟁을 계속하라

청일전쟁이 끝나고 일본은 전비를 웃도는 배상금을 챙기고 타이완을 할양받았다. 이 배상금은 일본 산업과 군비 확장의 밑받침이 되었으며, 국민들의 생활 향상으로도 이어졌다. 전쟁으로 인한 '희생'에 대한 보상이었다. 러일전쟁은 청일전쟁 이상으로 큰 전비와 국민들의 희생이 따랐다. 국민들은 청일전쟁 이상으로 전쟁 '보상'이 있을 것으로 기대했다. 일본의 국민작가 나쓰메 소세키는 『나는 고양이로소이다』라는 소설에서 "러일전쟁에 승리한 우리 국민은 로마인에게 배워 입욕구토(入浴嘔吐)를 연구해야 하는 때가 도래했다"고 당시의 분위기를 묘사했다. 입욕구토는 실컷 먹고 목욕 후 구토를 하는 로마의 탐욕과 풍요를 상징하는 말이다. 그런데 정부가 배상금 없이 강화 조약을 체결했고, 국민들은 분노했다. 더구나 와신상담으로 임했던 러시아를 상대로 한 전쟁에서 배상금을 챙기지 못한 데 대한 국민들의 실망은 컸다.

러일전쟁에는 100만 명 이상의 병력이 동원되었으며, 약 18억 엔의 전비가 사용되었다(당시 일본의 1년 예산은 약 2.5억 엔). 전쟁은 예상보다 치열했으며 전력 소모도 컸다. 일본군의 사망자는 8만 4,435명으로 청일전쟁의 사망자 8,395명의 10배를 넘었다. 정부는 징병을 확대하고 증세를 통해 전비를 마련했으며, 관세 수입과 담배 전매 이익금을 담보로 미국과 영국에서 외채를 모집하는 등 필사의 노력을 기울였다. 정부는 '자위를 위한 국민적 전쟁' '조국 방위 전쟁'이라는 이름으로 국민의 에너지를 총동원했다. 국민에게 국가와의 일체성을 강조하고 비협조적인 사람들을 '비(非)국민'이라 낙인찍어 거국일치 체제를 만들었다. 전쟁에 따른 내핍으로 생활이 어려워 부인이 도망을 가버린 후 징병 통지를 받은 젊은 사내가 자식과 부모를 생매장하고 입대하는 등의 상상 못 할 상황도 발생했다. 국민들은 자기보다는 국가의 운명을 더 큰 대의로 생각했다. 삼국간섭 이후 와신상담해왔던 국민들의 러시아에 대한 적개심이 크게 작용했을 것이다. 이러한 상황을 고려하면, 배상금 없는 강화는 정부가 국민들의 희생에 대한 대가를 인정하지 않는 것과 마찬가지였다. 그러나 정부는 전쟁을 계속했을 때 발생할 상황에 대한 위기의식에서, 국민들의 반발을 뒤로하고 강화를 하지 않을 수 없었다.

배상금 없는 강화조약의 소식이 전해지자, 도시 하층민을 중심으로 대규모 반발 움직임이 나타난다. 정치가, 신문기자, 사회 운동가도 가담했다. '굴욕적인' 강화 조약을 체결한 전권대표 고무라 주타로 외상은 매국노로 지탄받았다. 귀국 때 그가 위해를 당할 것을 우려해 가쓰라 총리와 야마모토 해군대신이 직접 그를 마중 가서 호위할 정도였다. 「아사히신문」은 "강화 회의의 주객이 전도되었다", 가쓰라 내각은 "국민과 군대를 팔아먹었다"고 보도했다. 국민들은 50억 엔의 배상금과 사할린 할양을 요구하며 전쟁 계속을 외쳤다.

강화조약에 반대하는 수만 명의 군중집회가 9월 5일 도쿄의 히비야(日比谷) 공원에서 열렸는데 집회는 폭동으로 변했다. 2,000명 이상이 검거되고 17명이 사망했다. 흥분한 시위

대는 집회를 막는 내무대신의 관저와 강화를 지지한 국민신
문사를 습격했다. 밤이 되자 시위대는 파출소와 전차에 방화
하고, 강화를 알선한 미국 대사관과 교회도 공격했다. 6일 밤
에는 도쿄와 주변 지역에 계엄령이 선포되고, 11월 29일까
지 계속되었다. 소동은 약 1개월간 지속되었으며, 요코하마·
고베 등으로 확산되었다. 계엄령으로 소동이 가라앉았으나,
국민들의 불만은 가라앉지 않았다. 승리에도 불구하고 전쟁
을 지휘한 가쓰라 내각은 국민들의 불만을 무마하기 위해
그다음 해 1월에 총사직한다.

강화 반대 운동은 일본 국민이 사회의 행위자로 전면에
나타난 최초의 사건이다. 1910년대의 다이쇼 민주주의 시대
의 단초를 제공했으며, 정당정치의 지평을 열었다고 평가받
는다. 굳이 비교하면, 1870년대 중반 정한론(조선 정벌론)자들
이 민권론(民權論)을 주장하면서 일본 민주주의의 싹을 틔운
것과 같다. 동시에 전쟁에 대한 보상을 요구하며 전쟁 계속
을 외친 그들의 행동은 배외주의와 팽창(침략)주의의 표현이
기도 하다. 러일전쟁을 계기로 한 일본 민중의 움직임은 국
내의 민주화와 대외적 팽창주의를 동시에 내포한 것이며, 군
사력을 과신한 일본 정부와 국민은 그 후 침략을 강화하고
군국주의화해 간다.

한편 러시아에서는 전쟁 후반기부터 나타나기 시작한 혁

명 기운과 전쟁 패배에 대한 불만이 군부를 비롯한 지도층과 체제에 대한 불신을 증폭시켰다. 당시 최대의 육군국 러시아가 극동의 소국 일본에게 패한 것을 국민들은 받아들이지 못했다. 국민의 신뢰를 상실한 군부에 대한 숙청이 시작된다. 뤼순 전투에서 항복한 아나톨리 스테셀(Anatoly M. Stessel) 사령관에 대한 사형 선고(이듬해 금고 10년으로 감형)를 비롯해 1906년부터 1908년에 걸쳐 장교들에 대한 심사가 이루어지고, 4,307명이 군을 떠났다. 군 지도부에 대한 국민의 신뢰는 제1차 세계대전 때까지 회복되지 않는다.

대학을 중심으로 정치 논쟁이 가열되고, 섬유 산업과 철도를 중심으로 파업이 확산된다. 1905년 10월에는 모스크바에서 외부로 나가는 모든 철도가 운행을 중지했다. 니콜라이 황제는 10월 17일 '10월 선언'을 발표해 언론·집회·결사의 자유와 노동자들이 참가하는 선거에 의한 의회 개설을 약속한다. 그러나 지주의 1표와 노동자의 45표를 같이 취급하는 차별 투표가 실시되는 등 근본적 개혁은 이루어지지 않고, 정치·사회적 불안정은 계속된다. 그 연장선상에서 1917년 레닌의 소비에트 혁명을 맞는다.

11. 왜 일본이 이기고 러시아가 졌는가

영일동맹이 일본을 구했다

러일전쟁에서 일본이 승리하리라고는 일본 자신도 몰랐을 정도다. 서구 열강은 대부분 그렇게 생각했다. 상대는 약 100년 전 나폴레옹 군대도 모스크바로 끌어들여 격퇴한 러시아였기 때문이다. 미국의 러일전쟁 종군기자 잭 런던은 당시 서구의 시선을 "(일본은) 이제까지 아시아인들하고만 싸웠다. 그러나 백인들하고 싸우면 어떻게 될까?"라고 표현했다(잭 런던, 2011).

당시 일본은 국력 면에서 러시아의 상대가 아니었다. 1900년 기준으로 인구는 러시아가 1억 600만 명, 일본이

4,500만 명으로 두 배 이상의 차이가 있었다. 경제력도 일본은 러시아의 상대가 아니었다. 러시아와 일본의 금 보유고는 각각 1억 630만 파운드와 1,170만 파운드로 약 10배의 차이가 있었다. 교역 규모도 러시아가 일본의 3배 정도 많고, 정부 예산도 러시아가 10배 이상이었다. 국민총생산(GNP)은 러시아가 94억 달러, 일본이 12억 달러였으며, 1인당 국민소득은 러시아가 204달러, 일본이 66달러였다. 군사력도 당시 러시아는 세계 최대의 육군 병력(200만)을 가지고 있었으며, 해군도 발트함대와 흑해함대를 합하면 일본의 연합함대를 능가했다. 군사비 지출은 러시아가 2억 400만 달러, 일본이 6,600만 달러였다.

당시 프랑스의 일간지 「르 프티 파리지앵(Le Petit Parisien)」에 실린 풍자화는 러시아와 일본의 차이를 상징적으로 보여준다. 링 위에 어린아이와 거인이 맞장을 뜰 자세로 서 있는 그림이다. 어린아이 몸집을 한 일본이 한반도에 한 발을 내딛고 도전적인 자세를 취하고, 거대한 몸집의 러시아는 만주에 한 발을 딛고 뒷짐을 진 채 가소로운 듯 왜소한 일본을 내려다보고 있다. 링 주변에서는 열강이 우아한 자세로 경기를 관람하고 있으며, 열강 대열에 끼이지 못하고 전시중립을 선언한 청국은 경기장의 천막 바깥에서 링의 결투를 보기 위해 고개를 내밀고 있다.

이러한 현격한 차이에도 불구하고 일본이 승리한 이유는 무엇일까. 우선 1902년 1월 체결된 영일동맹을 들 수 있다. 러시아의 남하 정책을 견제하고 아시아에서의 권익을 지키기 위해 영국은 영광스러운 고립을 포기하고 사상 처음으로 일본과 동맹조약을 체결했다(제1차 영일동맹). 그러나 영일동맹 제2조는 "두 나라 중 한 나라가 전쟁을 하는 경우 다른 나라는 중립을 지킨다"고 규정하고 있기 때문에 영국이 일본에 직접 지원을 하는 것은 아니었다. 이 규정에 따라 영국은 공식적으로는 엄정중립을 표방했다. 그러나 영국은 일본에게 외교·경제적으로 유리한 상황을 제공하고, 군사적으로도 일정한 공헌을 했다. 당시 육군의 대포나 소총 등은 거의 국산화했으나 군함 등 해군의 주력은 거의가 영국제였다. 그리고 영국은 식민지 네트워크를 통해 러시아 발트함대의 기항을 견제해 전투력을 약화시키는 데 결정적 기여를 하는 등 일본에게 유리한 군사 환경을 만들어주었다.

러시아에 대한 독일과 프랑스의 지지는 매우 미약했다. 러시아와 프랑스는 1894년에 군사 협정을 체결해 동맹 관계를 유지해 왔다. 그러나 영국과 프랑스가 1904년 4월 8일에 영국-프랑스 협정(또는 화친협정)을 체결함으로써 프랑스와 러시아의 동맹은 약화되었다. 아프리카에서 갈등을 빚던 프랑스와 영국은 서아프리카 모로코에서는 프랑스가, 동아프리카 이집트에서는 영국이 각각 자유 행동권을 가지는 것으로 합의해 적대 관계를 해소한 것이다. 신흥 세력으로 부상하고 있는 독일을 견제하려는 양국의 의도가 작동한 것이다. 러시아와 프랑스의 동맹이 영일동맹을 견제하는 기능을 상실하면서 전비 조달을 위한 국채 발행, 발트함대의 항행 등에서 러시아에 대한 프랑스의 지원은 소극적이었다. 앞에서 언급한 바와 같이, 발트함대가 중간 기착지로 프랑스 식민지인 마다가스카르의 디에고수아레스항을 사용하지 못하고 외딴 노시베항을 사용할 수밖에 없었던 것에서도 이를 알 수 있다. 프랑스와 독일의 관계도 악화하면서 러시아를 지원하는 국제적 구조는 붕괴해버렸고, 반면에 영국과 미국을 축으로 한 일본에 대한 국제적 지원 체제는 강화되었다.

유대인이 전비 조달을 도왔다

세계 최초의 총력전 양상을 보인 러일전쟁은 막대한 전비가 필요했다. 이러한 측면에서 러일전쟁을 제1차 세계대전에 앞선 세계적 전쟁이라는 의미로 제0차 세계대전(world war zero)이라 하는 경우도 있다. 경제 규모가 작은 일본에게 전비 조달은 승패의 결정적 요소였다. 청일전쟁 때는 전비의 약 52퍼센트를 국내 공채로 충당했으나, 러일전쟁의 경우는 78퍼센트를 공채에 의존했다. 일본은 약 18억 엔의 전비 가운데 약 8억 엔을 해외에서 조달해야 했다. 이 막대한 전비를 어떻게 조달했을까. 일본에 호의적인 미국과 영국이 이를 가능하게 했다. 전쟁 발발과 함께 고무라 주타로 외상은 랜스다운 영국 외상에게 지원을 요청했으나, 진행 중인 보어전쟁에 많은 재정이 투입되기 때문에 지원이 불가능하다고 거절당했다. 그 후 일본은 해외에서의 국채 발행을 모색한다. 이 과정에 미국과 영국 정부는 직접 관여하지는 않았다. 그러나 양국 정부의 일본에 대한 호의적인 태도는 해외에서의 국채 발행에 크게 기여했다.

특히 영국과 미국에서의 전비 조달에는 유대인의 도움이 컸다. 전쟁 발발 시점에 일본 은행에는 1억 6,796만 엔(1,170만 영국 파운드(Pound), 전체 전비의 약 10퍼센트 미만)의 잔고가 있었다. 전쟁 발발 직후인 2월 24일 일본 정부는 일본은행 부총재 다카하시 고레키요(高橋是淸, 후에 총리)를 미국에 파견해 국채 발행을 통해 전비를 조달하기로 한다. 일반 국제 금리의 3배의 이율을 제시했음에도 미국에서는 목표액의 절반을 조달하는 데 그쳤다. 이를 만회하기 위해 다카하시는 동맹국 영국으로 갔다. 그곳에서 그는 독일 출신으로 전미유대인협회 회장을 맡고 있던 금융인 제이컵 시프(Jacob H. Schiff)를 만나게 된다. 시프는 자신이 운영하는 쿤로브(Kuhn Loeb) 사에서 일본 국채를 매입하기로 하고, 유대계 금융인들에게도 적극적으로 권유했다. 일본이 해외에서 조달한 전비의 약 50퍼센트 이상이 유대계 자본이다. 전쟁이 끝나고 1907년 시프는 일본 정부로부터 최고 훈장을 받았다. 유럽과 미국의 유대인 자본이 적극적으로 일본을 지원하면서, 러시아의 자금 조달은 상대적으로 어려워졌다. 러시아는 독일에서 일부 조달하는 정도에 그쳤다.

유대계 자본이 일본을 도운 것은 1881년 이후 러시아에서 반복적으로 일어난 포그롬(pogrom, 유대인 박해)에 대한 보복심리가 작용했기 때문이다. 당시 러시아에는 전 세계에 산재해 있는 유대인의 약 절반 가까운 500만 명이 살고 있었으며, 거주 허용 구역(pale, 울타리)에 갇혀 학대를 당했다. 1903년 4월 유대교 축제일에 키시너우(현 몰도바 수도)에서 대규모의 포그롬이 일어나 49명이 죽고 500여 명이 다쳤으며, 주택과 상가 1,000채가 파괴되었다. 이 사건은 전 세계 유대인의 분노를 샀다. 1881년부터 1910년까지 100만에서 300만 명의 유대인이 러시아를 떠났다고 하는데, 약 70퍼센트가 미국으로의 이주였다. 러일전쟁이 발발하자 미국 애틀랜타시에서는 유대인들이 일본을 위해 전함 구입비를 모금하기도 했다. 유대인들은 일본의 승리에 환희를 느꼈다고 한다.

첩보전이 전쟁을 좌우한다

일본은 거국적으로 전 국민이 직간접으로 전쟁에 참여한데 반해 러시아의 국내 상황은 불안정했다. 랴오둥반도(뤼순)에서의 패배, '피의 일요일' 사건, 쓰시마 해전 패배 등을 배경으로 러시아 각지에서는 시위와 파업이 발생하기 시작한다(제1차 러시아혁명). 1905년 6월에는 흑해함대의 전함 포툠킨(Potyomkin)에서 선상 반란이 발생하는 등 군 내부의 동요도 심각했다.

여기에 더해 일본의 첩보 활동이 러시아의 정치·사회적 불안정을 부추기는 데 크게 영향을 미쳤다고 한다. 첩보전을 이끈 것은 러일전쟁 후 한국 주차사령관과 타이완 총독을 지낸 아카시 모토지로(明石元二郎)다. 이전에 그는 프랑스 및 러시아 일본공사관 무관으로 근무한 경험도 있었다. 그는 전쟁 발발 직후 공작금 100만 엔(현재 가치로 약 400억 엔)을 가지고 러시아 주재 일본 외교관이 머물고 있는 중립국 스웨덴에 파견되어 정보 수집과 함께 러시아혁명을 지원하는 공작을 펼쳤다. 러시아와 니콜라이 황제에 맞서는 유럽의 조직과 인맥에 자금을 살포한 것이다. '피의 일요일' 사건의 주모자 게오르기 가폰(Georgy Gapon) 신부도 그의 자금을 받고, 레닌도 그의 자금으로 러시아에 잠입했다고 한다(최근 이를 부정하는 연구도 있다).

그리고 아카시는 러시아의 영향하에 있는 폴란드·스웨덴·그루지야(조지아)·라트비아·벨로루시 등의 민족주의 지도자들과 반러시아 전선을 형성해 러시아의 반체제 운동에 영향을 미쳤다고 한다. 폴란드의 민족주의 지도자 피우수트스키(Józef Piłsudski)와 핀란드의 민족 지도자 콘니 질리아쿠스(Konni Zilliakus)가 대표적이다(폴란드·핀란드·스웨덴 등에는 이때 형성된 친일본 분위기가 지금도 남아 있다). 공작금이 사용된 만큼 러시아 내에 폭동이 일어났다고 할 정도였다고 한다. 그는 러시아 공산주의 사상가 크로폿킨(Pjotr A. Kropotkin)과 플레하노프(Georgij V. Plekhanov), 자유당의 좌파 인물 슬르베, 작가 막심 고리키 등 많은 인사와 접촉했다. 러시아가 전쟁 여력이 남아 있음에도 강화에 응한 것은 아카시에 의한 국내 정정의 불안이 크게 작용했다고 한다. "아카시의 활동은 육군 10개 사단에 상당한다" "아카시 혼자 만주의 일본군 20만 명에 필적하는 전과를 올렸다"는 평가도 있다. 그에 대한 평가는 과장된 면이 있으나 그렇다고 무시할 수는 없다는 것이 일반적 평가다.

미국의 도움이 일본에게 이익이 된다면: 강화조약

미국의 강화 중재가 없었으면 전쟁은 장기전이 되면서 일본의 승리를 장담할 수 없었을 것이다. 러시아는 광활한 국토와 자원을 가지고 있었고, 시베리아철도를 이용해 육군의 증강이 가능했기 때문이다. 전쟁 말기에는 약 100만 군대가 만주에 있었다. 청일전쟁이 장기화했다면 일본은 승리하지 못했으리라는 것과 같은 논법이다. 그러면 미국이 일본의 요청으로 적극적으로 강화를 주선한 이유는 무엇일까.

미국은 1898년 미국-에스파냐 전쟁의 승리로 필리핀과 괌을 차지했다. 1899년에는 중국에 대한 문호 개방 정책을 천명하면서 중국에 대한 열강의 독점적 지배권을 부정했다. 후발국으로서 중국 진출의 기회를 가지기 위해서였다. 의화단 사건 이후 미국이 러시아의 만주 점령을 비판하고 일본에 우호적이었던 이유다. 만약 러일전쟁에서 러시아가 승리하면 만주는 러시아의 수중에 들어가고, 중국에 대한 러시아의 영향력도 더 커지고, 미국의 중국 진출이 제약을 받는다.

일본이 국력의 한계를 드러내고 있는 상황에서 미국은 전쟁을 종결시켜 만주와 중국에 대한 러시아의 영향력을 배제할 필요가 있다. 그렇다고 만주 및 중국에 대한 일본의 영향력이 커져 러시아를 대신하는 것도 미국에는 바람직하지 않다. 미국은 러일 어느 한쪽도 결정적인 승리를 하지 못한 상태에서 강화가 이루어지게 함으로써, 중국과 만주에 대한 독점적 지배를 배제하려는 의도가 있었다.

어떻든 미국의 알선으로 양국이 어느 정도의 불만을 가진

채 전쟁은 끝나게 되었고, 이 공로로 루스벨트는 미국 최초의 노벨 평화상 수상자가 되었다. "나의 노력이 일본에 이익이 된다면 언제라도 그런 노력을 할 것이다"라고 한 루스벨트 대통령 개인의 친일 성향도 영향을 끼쳤을 것이다. 그는 쓰시마 해전 때에는 "나는 흥분해 완전히 일본 사람이 되어 버렸다. 공무 처리도 되지 않고 하루 종일 쓰시마 해전 이야기만 했다"고 술회했다.

러시아는 방심했다

러시아의 패배는 무엇보다도 일본을 과소평가했기 때문이다. 니콜라이 2세는 '조그만' 전쟁에서 승리를 거두는 것도 사회주의의 발흥으로 불안정해진 국내 정세를 안정시키는 데 유리하게 작용할 것이라고 생각할 정도로 일본을 과소평가하고, 방심했다. 니콜라이 2세는 1901년 자신이 일본에서 저격당했을 때 천황을 비롯해 전 국민이 자기에게 머리를 조아리던 그 일본을 생각하고 있었을지 모른다. 아무튼 러시아는 일본을 아직 극동의 '소국'으로 평가했고, 도발해 오리라고는 생각하지 않았다. 그래서 적극적으로 전쟁 대비도 하지 않았다. 일본은 청일전쟁에서 승리했고 러시아에 대해 강한 적개심을 가지고 있었는데, 러시아는 이를 간과한 것이다.

참모본부에 근무하면서 주일본 무관으로 파견된 적도 있

는 바노후프스키 대령은 1900년 4월경에 "일본군이 유럽 군대와 같이 되려면 수십 년, 수백 년이 걸릴 것이다"라는 내용의 의견서를 제출했다(和田春樹[上], 2010). 이러한 인식은 러시아의 군과 정부에 꽤 확산되어 있었다. 러일전쟁에서 정예병과 근위병은 유럽 지역에 배치하고 주로 예비 병력을 만주에 파견한 것도 이 때문이다. 이러한 관점에서 러시아는 전쟁에 패한 것이 아니라 전투에서 패했다는 인식이 강하며, 역설적으로 만주에서 예비병들이 벌인 전투를 '용감한 방어전'이었다고 평가하는지도 모른다.

일본과 러시아의 근대화 차이에서 승패를 찾기도 한다. 일본은 입헌군주제를 도입해 근대 국가로서 체제를 갖추어 가고 있었으나, 러시아는 전근대적인 차르 전제 체제를 유지하고 있었다. 이러한 체제의 차이가 양국 병사들의 국가와 전쟁에 대한 인식 차이를 가져오고 전쟁의 승패로 연결되었다고 보는 것이다. 러일전쟁 후 한국의 식자층에서도 이러한 견해가 보였으며, 입헌군주제 도입이 논의되기도 했다.

12. 마지막 '제국'을 향하여:
한국 식민지화

미국은 필리핀을, 일본은 한국을: 가쓰라·태프트협정

러일전쟁의 본질적인 원인이 만주였느냐 한반도였느냐에 대해서는 의견이 갈리나, 이 두 지역을 떼어놓고 생각하기도 어렵다. 일본이 한반도를 차지하기 위해서는 만주의 러시아 세력을 구축해 한반도에 대한 영향력을 차단해야 하며, 만주로 영향력을 확대하기 위해서도 한반도를 확보해야 한다. 러시아도 마찬가지다. 어느 쪽이든 한반도가 공통분모다. 특히 야마가타 아리토모가 주장한 주권선과 이익선의 관념에서 보면, 일본의 '안전'을 위해서는 한반도 확보가 절대 필요조건이다. 제국주의 시대라는 당시 상황에서 일본이 한국을 확보하고, 삼국간섭에서의 실패를 반복하지 않기 위해서는, 한국에 직간접적인 이해를 가진 열강의 용인이 필요하다.

뤼순 전투, 묵덴 전투, 쓰시마 해전 등을 거치면서 전쟁의 승패가 갈리게 되자 일본은 강화 준비와 함께 미국과 영국을 상대로 한반도에 대한 독점적 지배권 승인에 착수한다. 1905년 7월 25일 미국 국방장관 윌리엄 태프트(William H. Taft, 전 필리핀 총독)는 필리핀 순방길에 일본에 들러, 27일 가쓰라 다로 총리와 회담을 갖고 극동 정세를 비롯해 양국의 최대 관심사인 필리핀과 한국에 대해 의견을 교환한다. 미국은 팽창하는 일본이 필리핀을 넘볼지 모른다는 의구심을 가지고 있었고, 일본은 한국 지배에 대한 미국의 승인이 필요했다. 가쓰라 총리는 필리핀에 대해 어떠한 침략 의도도 가지고 있지 않음을 분명히 한다. 태프트 장관은 일본이 한국의 외교권을 장악하는 정도의 종주권(suzerainty)을 가지는 것은 러일전쟁의 논리적 귀결이라며 일본의 한국 지배를 인정한다.

요약하면 미국은 일본의 한국 지배를, 일본은 미국의 필리핀 지배를 상호 인정한 것이다. 그리고 일본은 미국에게 영일동맹에 가담하도록 권유했으나, 미국은 의회의 동의 없이 동맹조약을 체결할 수 없지만 미국·영국·일본이 적절히 공동 행동을 취할 수 있을 것이라고 했다.

이 내용은 루스벨트 대통령에게 보고되고, 루스벨트는 "가쓰라 백작과 나눈 대화는 전적으로 옳다. …… 모든 내용을 내가 확인했다"는 회답을 가쓰라 총리에게 전하라고 했다. 이로써 미국과 일본 정부 사이에는 문서화하지는 않았지만 합의가 성립한 것이다. 이를 '가쓰라·태프트협정(또는 협약)' 이라 한다. 당사자인 태프트가 루스벨트의 뒤를 이어 제27대 대통령(1909~13)에 취임함으로써 이 합의는 계속 유지된다. 미-일의 합의는 당시 일본과 한국의 신문에 보도되었으나, 정확한 내용도 전달되지 않은 채 묻혀버렸다. 1924년 미국의 역사학자 테일러 데넷(Tyler Dennet)의 「루스벨트 대통령이 일본과 맺은 비밀 협정(President Roosevelt's Secret Pact with Japan)」이라는 논문에서 구체적으로 밝혀졌다.

1905년 9월 루스벨트 대통령의 딸 엘리스는 한국을 방문해 황실로부터 융숭한 대접을 받는다. 대한제국은 미국의 선의가 한국을 보호해주리라고 믿고 있었기 때문이다. 그러나 가쓰라·태프트협정에서 보듯이, 미국의 생각은 정반대였다. 을사(보호)조약이 체결되자 미국은 가장 먼저 공사관을 철수하고 영사관으로 대체했는데, 이는 가쓰라·태프트협정의 연장선상에서 취해진 조처였다. 또 고종은 을사조약 체결 후 헐버트에게 밀서를 주어 미국 대통령에게 부당성을 호소하려 했으나 실패한다. 가쓰라·태프트협정의 존재를 모르고,

일본의 침략을 미국에 호소하려 했던 것이다.

영국은 인도를, 일본은 한국을: 제2차 영일동맹

가쓰라·태프트협정 성립 직후인 8월 12일 제2차 영일동
맹조약이 체결된다(영일동맹조약은 1902년의 제1차, 1905의 제
2차, 1911년의 제3차 거쳐 1922년의 워싱턴 회의에서 체결된 4개국 조
약이 발효하는 1923년까지 지속된다). 제2차 영일동맹은 제1차
영일동맹 5년의 기한이 도래하기 전에 새로 체결된 것이다.
제1조에서 "양국 정부는……침해당한 권리와 이익을 보호
하기 위해 취할 조치를 공동으로 고려한다"고 전제하고, 제
2조에서는 "체약국은 즉시로 동맹국에 원조, 협동해 전투에
참가해야 한다"고 규정했다. 서로의 이익을 방어하기 위해
자동 개입을 규정한 공수동맹이다. 구체적인 권리와 이익으
로 제3조에서 한국 조항을, 제4조에서 인도 조항을 열거해
영국은 일본의 한국 보호국화를 승인하고, 공수동맹의 범위
를 영국 식민지 인도에까지 확대한다.

구체적으로 조약 제3조는 영국은 일본이 "한국에서 지도
(guidance), 감리(control) 및 보호(protection) 조치를 취할 권
리를 승인한다"고 규정한다. 이로써 "청국 및 한국의 독립을
승인"한다는 제1차 영일동맹은 의미를 상실하고, 일본의 한
국 보호국화에 대한 승인이 이루어진 것이다. 영일동맹에서

규정하는 일본의 한국 보호권은 가쓰라·태프트협정에서 언급한 종주권(suzerainty)보다 강력하다. 영국이 한국 보호권을 인정한 것은 한창 진행 중이던 러일 강화 회의에서 한국에 대한 일본의 지위를 유리하게 만든다. 러시아도 한국 보호권을 인정하지 않을 수 없는 상황을 만들어준 것이다.

그리고 제4조에서는 "영국은 인도 국경의 안전에 관계되는 일체의 사항에 대해 특수이익을 가지고 있으며, 일본은 영국이 인도를 방호하기 위해 필요하다고 인정하는 조치를 행할 권리를 승인한다"고 규정했다. 일본은 영국의 인도에 대한 권리를 승인하고, 이것이 위협받을 때에는 제1조에 의해 공동 조치를 취한다는 말이다. 이러한 양국의 공수동맹은 영국에서는 러시아의 인도 침입을, 일본에서는 제2의 러일전쟁(러시아의 복수전)을 각각 염두에 두고 있었던 것이다. 실제로 러일전쟁 후 일본은 여력이 남아 있는 러시아가 반드시 일본에 대해 보복을 해올 것이라고 우려했고, 1907년 7월 30일 제1차 러일협약이 체결되기까지 일본 국정의 핵심은 제2의 러일전쟁에 대비하는 것이었다.

포츠머스조약에서 을사조약으로: 한국은 '보호국'

가쓰라·태프트협정은 1905년 7월 27일에, 제2차 영일동맹은 8월 12일에 각각 성립했다. 그사이 8월 10일에 러일 간의 강화 회의가 시작되었고, 9월 5일 조약이 조인될 때까지 17번 회의가 열렸다. 일본은 미국과 영국으로부터 한국에 대한 종주권과 보호권을 승인받은 후 강화회의에 임한 것이다. 전쟁이 일본의 승리로 끝나는 시점에서 영국과 미국은 전리품의 일환으로 쉽게 일본의 요구를 수용했을 것이다. 미국과 영국의 지지를 확보한 일본의 입장은 강화되었고, 회담은 의외로 순조롭게 진행된다.

포츠머스조약은 15조로 구성되어 있다. 제1조는 양국 간의 평화에 대한 의례적인 내용이며, 제14, 제15조는 조약 비준에 관련된 것이다. 제2조는 제2차 영일동맹의 규정을 그대로 옮긴 것으로, 러시아는 "일본 정부가 한국에서 필요하다고 인정하는 지도·보호·감리(監理)의 조치를 취하는 데 이를 방해하거나 간섭하지 않는다"는 내용이다. 단 제2조에는 러시아의 요구로 일본은 "러시아와 한국 간의 국경에서 러시아 또는 한국 영토의 안전을 침해할 수 있는 하등의 군사상 조치를 취하지 않는다"는 내용이 추가되었다. 이 내용은 러시아가 일본의 완전한 한국 지배를 저지하려는 마지막 저항이었다. 일본에게 "한국 영토의 안전을 침해할 수 있는 하등의 군사상 조치"를 취하지 못하게 함으로써 한국의 마지막 주권을 남겨두려는 의도였다. 이를 근거로 러시아는, 1905년 11월 을사조약으로 일본이 한국의 외교권을 장악했음에도 서울 주재 총영사를 파견하면서 신임장을 일본이 아니라 한국에 제출하고자 했다. 또 러시아가 1907년 헤이그 평화 회의에 한국을 초청하려 한 것도 같은 맥락이다.

러일전쟁 종결과 함께 일본은 미국·영국·러시아로부터 한국에 대한 보호권을 인정받았다. 이러한 의미에서 러일전쟁은 한국에 대한 침략 전쟁이며, 한국 식민지화를 겨냥한 전쟁이었음이 명확하다. 일본의 한국 식민지화는 러일전쟁을 통해서 시작되었다고 보는 이유는 여기에 있다. 일본은 국제적으로 승인된 한국에 대한 보호권을 당사자인 한국이 받아들이도록 하는 마지막 단계를 남겨두게 된다. 1905년 11월 17일 이토 히로부미는 한국 정부의 반대에도 불구하고 강압적으로 을사조약을 체결하고 한국을 일본의 '보호국'으로 삼았다. 이로써 러일전쟁을 통한 한국에 대한 일본의 목적은 일단 '완결'되었다.

2006년 4월에 제정된 '일제 강점하 반민족행위 진상 규명에 관한 특별법'에서 러일전쟁 개전을 '일본 제국주의의 (한국에 대한) 국권 침탈이 시작된' 시점으로 규정하고, 친일 반민족 행위의 대상을 '러일전쟁 시작부터 1945년 8월 15일까지'로 한 것은 이러한 러일전쟁의 성격을 반영한 것이다. 러일전쟁에 협력한 공으로 일본 정부로부터 훈·포상을 받은 한국인은 195명이다. 여기에는 후에 임시정부 군무총장과 참모총장을 지낸 유동열 같은 사람도 포함되어 있다. 그가 한국의 식민지화를 바랐을 리 없고, 안중근 의사조차 일시적으로 러일전쟁을 긍정적으로 생각했다. 이들의 행동에서 러일전쟁에서의 한국(인)의 번민을 엿볼 수 있다. 과연 러일전쟁은 한국에게 무엇이었던가 하는 의문을 다시 제기하게 된다.

마지막 제국주의 국가 일본: 한일병합

포츠머스조약을 기초로 일본은 1905년 11월 17일 강압적으로 한국과 '을사조약'을 체결한다. 이 조약을 통해 한국이 일본의 '보호국'으로 전락한 것에 대해서는 앞서 언급했다. 을사조약은 포츠머스조약 제2조에 명시된 한국에 대한 일본의 '지도·감리·보호 조치'를 재확인하고, 이를 실현하기 위한 통감부 설치가 추가되었을 뿐이다. 그다음 해인 1906년 2월 1일 서울에 설치된 통감부는 외교권을 시작으로 한국의 국정 전반을 지휘 감독하게 된다. 1905년 11월에서 1906년 3월 사이에 청국·영국·미국·독일·프랑스·이탈리아 등의 주한 외국 공사관은 영사관으로 대체되었다(영사는 통상 및 자국민 보호를 담당하며 외교사절이 아니다). 뒤이어 12월 15일 자로 한국의 재외 공관도 폐쇄되었다. 이로써 한국은 국제사회의 구성원으로서의 존재 가치를 상실했다. 외교 사무를 담당했던 외부(外部, 외교부)는 1906년 1월 17일 자로 폐지된다.

러일전쟁을 통해 확립한 한국에 대한 국제적·국내적 지위를 기초로 일본은 한국 침략을 더욱 노골적으로 진행하면서 국가로서의 한국을 해체해간다. 마침내 1910년 8월 29일 한일병합을 단행한다. 한일병합으로 일본은 대륙국가가 되었으며, 식민지 획득으로 명실상부한 '제국(empire)'이 되었음을 국내외에 과시하게 된다. 비로소 일본은 제국주의 열강으로부터 대등한 국가로 인정받게 된 것이다. 한일병합 1년 후인 1911년에 일본이 열강과 맺은 불평등 조약을 완전히 해소하게 되는 것은 이를 말해준다. 이러한 측면에서 메이지 유신 이후 일본이 추구해온 '독립국가=제국'은 한국의 식민지화를 통해서 완결되었다고 하겠다.

그러나 몇 년 후 중국이 신해혁명(1911년)을 통해 중화 제국의 해소를 선언한 일과 제1차 세계대전에서 윌슨 대통령이 민족자결주의를 제창한 일이 상징하듯, 제국주의 시대는 해체 과정에 들어서고 있었다. 일본은 제국주의의 길을 간 최후의 제국이었던 셈이다. '마지막 제국'이라는 것은 한편으로 일본 제국이 해체의 길로 들어섰다는 뜻이기도 하다.

결론적으로 메이지유신 직후에 대두한 정한론은 청일전쟁과 러일전쟁을 거치면서 한일병합을 귀결점으로 해서 자기 완결성을 가진다. 이 과정을 통해 일본은 국제적으로는 '독립국가 일본'을 완성했고, 군사적으로는 주권선을 한반도로 확대하고 만주를 새로운 이익선으로 편입시켰다. 조선 총독은 육해군의 대장으로 천황이 직접 임명하며, 조선에 있는 육해군의 통솔권을 가진다. 조선에 군부 체제를 확립한 것은 군사력으로 새로운 이익선을 확대하기 위한 조처였다. 일본 군부에게 한일병합은 식민지 획득 이상의 의미가 있다. 또 한일병합은 아시아인들에게 일본의 아시아(연대)주의가 아시아 침략주의임을 분명히 하는 계기가 된다.

중국 침략과 태평양전쟁의 기원은 러일전쟁이다: 만주생명선론

러일전쟁에서의 일본의 목적은 한국과 만주 문제의 해결이었다. 포츠머스조약 제2조는 일본이 한국에 대한 지도·보호·감독권을 가지는 것으로, 그리고 제3조에서 제8조까지는 만주에 있는 러시아의 권익을 일본에 양도하는 내용이며, 제9, 제10조는 남사할린 할양에 관련한 것이다. 포츠머스조약의 많은 부분이 만주에서의 권익에 관한 것임을 알 수 있다. 일본은 러시아와 전쟁을 했음에도 전리품의 대부분은 러시아가 아니라 청국으로부터 얻었다. 바꿔 말하면 러시아는 전쟁에 졌음에도 배상을 자신의 나라가 아니라 만주의 이권을 양도하는 것으로 대체한 것이다. 단 여기에는 청국의 승낙을 얻어야 한다는 조건이 있기는 하다. 그리고 러일 양국은 만주를 청국에 되돌려준다고 하면서도 각자의 철도 선로를 보호하기 위한 수비병(1킬로미터에 15명)을 둘 수 있게 했다.

일본 정부는 1905년 10월 27일 각의에서 포츠머스조약을 실현하기 위해 (1) 4월 8일의 각의에서 결정한 한국에 대한 보호권 확립 방침을 실행에 옮기고, (2) 강화조약에서 러시아로부터 양도받은 만주의 이권을 청국이 인정하도록 한다는 방침을 결정한다. 그리고 러시아와 맺은 강화조약의 결과 "만주의 일부(남만주-인용자)가 제국(일본-인용자)의 세력 범위로 귀속되었다"고 확인했다. (1)은 이토 히로부미에 의한 을사조약 체결로 실행된다. (2)를 위해 일본은 을사조약 체결과 같은 날인 11월 17일에 베이징에서 청국과 협상을 개시한다.

청국은 러시아가 주도한 삼국간섭으로 랴오둥반도를 반환받은 대가로 1896년 6월 러시아와 공수동맹을 체결하고, 그 후에도 러시아에 뤼순 조차권, 동청철도 부설권 등 많은 이권을 제공했다. 1896년부터 러일전쟁 때까지 러시아가 만주를 지배하고 있었던 것은 이러한 배경에서다. 청국은 러일전쟁이 발발하자 러시아와의 공수동맹을 파기하고 중립을 선언한다. 청국은 이 전쟁에서 일본이 승리해 만주에 있는 러시아 세력이 배제되고 주권을 되찾기를 기대했다. 그러나 전쟁의 결과는 러시아가 여전히 북만주에 세력을 유지하고, 남만주에는 러시아 대신 일본이 세력권을 형성하는 모양

이 되어버렸다. 청국으로서는 러시아 세력에 더해 일본 세력이 배가되는 형국을 맞게 된 것이다.

일본과 청국의 교섭은 22번의 본회의를 거쳐 12월 22일 '만주에 관한 청일조약' 체결로 마무리된다. 일본은 포츠머스조약에서 러시아가 양도한 만주의 권익을 청국으로부터 인정받고, 거기에 더해 일본은 창춘에서 지린까지 철도 연장, 철도 수비병 주둔권, 철도 연선의 광산 채굴권, 창춘-뤼순 간 철도에 병행하는 철도 건설 금지, 안둥(현 단둥丹東)에서 묵덴에 이르는 안봉선(安奉線)의 계속 사용권, 잉커우(營口)·안둥·묵덴에 일본인 거류지 설치, 압록강 우안의 삼림 벌채 합판권(合辦權) 등을 확보했다. 포츠머스조약을 넘어서는 광범위한 권익을 획득함으로써 사실상 남만주가 일본의 세력권에 들어간 것이다. 특히 병행 철도 건설 금지는 만주사변의 중요한 요인의 하나가 된다. 이러한 이유로 청국에서는 이 조약을 공개하지 못했다.

이후 일본 군부를 중심으로, 만주가 러일전쟁에서 20만 장병의 희생으로 얻은 곳이며 일본의 생존에 필수적인 지역이라는 의미의 '만주생명선론'이 대두한다. 일본은 다음 해에 만주에서 확보한 철도를 경영하기 위해 남만주철도주식회사(滿鐵, 만철)라는 국책회사를 설립한다. 만철은 철도 부속지의 토목·위생·교육뿐만 아니라 만주에서의 금융 업무까지도 수행하면서 만주에 대한 경제 침투를 위한 총괄적인 임무를 수행하게 된다. 만철의 설립은 사실상 만주의 식민지화 구상이며, 이를 발판으로 일본은 만주에 대한 침략을 본격화한다.

이러한 일본의 대륙(만주) 정책에 대해서 미국과 영국은 불만이었다. 일본은 전쟁이 끝나도 철병하지 않고 만주에서 군정을 계속하는 등 독점적 지배권을 확립하려 했기 때문이다. 만주 진출에 의욕을 보이던 열강의 입장에서는 만주의 점령자가 러시아에서 일본으로 바뀐 것에 지나지 않는다. 호랑이를 쫓아내니 늑대가 자리를 차지한 꼴로, 대륙 진출을 노리고 있던 일본을 도와준 셈이 되고 말았다.

달러라는 경제력(또는 dollar diplomacy)을 배경으로 만주 진출에 의욕을 가진 미국은 일본의 만주 정책을 강하게 비난한다. 러일 전쟁 후 만주 및 중국을 둘러싼 미국과 일본의 갈등은 그 후 지속적으로 미일 관계를 악화시킨다. 태평양전쟁(미일전쟁)의 원인은 중일전쟁이며 중일전쟁의 원인은 만주 문제였다는 관점에서 보면, 러일전쟁 후 만주를 독점하려는 일본과 미국의 갈등은 태평양전쟁의 간접적인 원인으로 작용했음을 알 수 있다. 러일전쟁은 미일전쟁(태평양전쟁)을 잉태하는 계기가 되었으며, 러일전쟁을 미일전쟁의 기원으로 보는 시각이 성립하는 것이다.

인종과 전쟁

같은 아시아 황인종 간의 전쟁인 청일전쟁과 달리 러일전쟁의 양상은 매우 복잡하다. 당시 러시아와 일본이 국제사회에 펼친 홍보전을 봐도 알 수 있다. 러시아는 일본과의 전쟁을 '유럽 문명과 아시아 야만의 전쟁' '기독교와 비기독교의 전쟁' '백인과 황색 원숭이의 전쟁' '황화론' 등으로 규정했다. 일본은 이에 대항해 '전제 국가와 입헌 국가의 전쟁' '문명·정의·인도의 전쟁' 등을 강조했다.

전쟁이 인종 전쟁, 종교 전쟁, 유럽 대 아시아의 전쟁으로 비치면 일본에게 불리하게 된다. 이를 불식하기 위해 일본은 구미 국가와 일본의 공통점을 강조한다. 일본이 중국(청)에게 중립 선언을 하도록 한 것도 중국과의 연대가 황인종의 단결로 비치고, 그것이 칭기즈칸의 유럽 정복 이후 유럽인이 가지고 있는 황인종에 대한 공포, 즉 황화론으로 비치는 것을 불식하기 위해서였다. 전쟁이 인종 전쟁으로 비화하는 것을 막기 위해 일본은 루스벨트 대통령의 하버드대학 동창인 가네코 겐타로(金子堅太郎, 사법·농상무대신, 추밀고문관)를 미국에, 이토 히로부미의 사위 스에마쓰 겐초(末松謙澄, 귀족원의원, 체신·내무대신)를 프랑스와 영국에 파견해 여론 조성에 진력하게 함으로써 많은 성과를 거두었다고 한다.

그런데도 극동의 소국 일본이 서양의 대국 러시아를 상대로 승리한 러일전쟁은 세계적으로 강한 인상을 남겼다. 유색 인종 국가 일본이 서양 백인종 국가 러시아에게 이겼다는 사실은 유색 인종들에게 큰 영향을 미쳤다. 비서구 국가가 서양 백인 국가에 군사적 타격을 입힌 것은 15세기 오스만제국(튀르크) 이후 처음이라는 말이 나올 정도다.

당시는 다윈의 진화론이 제국주의 및 인종주의와 결합한 사회진화론(social Darwinism)이 횡행했다. 적자생존·우승열패의 개념을 인간 사회와 국가 관계에 적용해 아시아·아프리카 등은 진화가 덜된 뒤떨어진 곳이며, 구미 국가들은 진화가 된 우수한 사회(국가)라는 이념이 만들어졌다. 이 논리는 자연스럽게 인종주의와 결합해 백인종 구미 국가의 식민지 지배를 정당화하는 제국주의의 이데올로기로 변용된다.

덧붙이면 일본은 이 사회진화론의 인종을 문명으로 치환해 일본을 문명국가, 그 외 아시아 국가들을 문명화하지 못한 야만 국가로 규정하고 아시아 침략을 정당화했다. 청일전쟁을 문명(일본)과 야만(청국)의 전쟁으로 규정한 것은 이를 상징한다. 또 일본이 한국을 식민지화하는 과정에서 가장 많이 사용한 수사도 "조선(한국)의 문명화를 위해서"라는 용어였다.

이러한 시대적 조류에서 보면, 황인종 국가 일본의 승리는 백인종의 우월성에 대한 인식의 변화를 가져오는 계기가 되었다. 백인종의 지배 아래 오랜 식민 지배를 경험한 국가들에게 사기를 진작하는 작용을 한 것도 사실이다. 중국의 정치가 쑨원은 1924년 11월 28일 고베에서 행한 '대아시아 문제'라는 연설에서 일본의 승리가 유색 인종의 민족주의를 일깨웠다고 강조했다. 인도의 독립 운동가로 전후 총리가 된 네루도 그의 자서전에서 "아시아인은 서양인을 당해낼 수 없다고 생각하고 있었다. 그런데 일본이 이겼다. 우리들도 결의와 노력 여하에 따라 가능하다고 생각하게 되었다. 오늘날까지 내 일생을 인도 독립에 바치게 된 것은 이 때문이다"라고 했다. 터키에는 쓰시마 해전 연합함대 사령관의 이름을 딴 '도고 거리'가 생겼다. 이러한 예는 그 외에도 많다. '황인종의 장남'인 일본을 배워야 한다는 인식이 퍼졌다. 어떻든 당시 피지배 유색 인종의 약소국가들에게 해방의 희망을 준 것은 부정할 수 없다.

그러나 이러한 일본 예찬론은 쑨원을 제외하고는 일본의 침략과는 직접 관련이 없는 지역, 또는 러시아로부터 침략을 받았거나 지배 아래에 있는 지역을 중심으로 나왔다. 따라서 이를 일반화할 수는 없다. 오히려 이러한 평가는 일본의 자만을 불러와 아시아 침략을 정당화하는 요인으로 작용한다. 실제로 그 후의 과정을 보면, 일본의 침략 대상은 일본이 러일전쟁에 승리해 희망을 주었다는 황인종과 약소국이었다. 2015년 8월 15일 아베 신조 총리가 제2차 세계대전 종결 70주년에 발표한 담화에서 "러일전쟁은 식민지 지배 아래 놓여 있던 아시아 및 아프리카의 수많은 사람들에게 용기를 북돋워주었다"고 한 것은 러일전쟁에 대한 잘못된 침략주의적 인식이 계속되고 있음을 상징하고 있다.

러일전쟁에서 일본이 승리한 것은 백인종에 대한 황인종의 반격이라는 관점에서 황화론을 현실화하는 계기로도 작용한다. 일본이 황인종의 맹주로 백인종을 공격해 올 것이라는 막연한 인종주의적 불안감이 현실적 의미를 가지게 된다. 영국과 미국이 민감하게 반응했다. 러일전쟁 직후 영국은 러시아와 관계 개선에 들어가고, 영일동맹의 의미는 상대적으로 축소된다. 같은 시기 미국에서는 캘리포니아주를 중심으로 일본인 아동의 입학 거부 등 일본인 배척 운동이 본격적으로 일어나기 시작한다. "일본의 승리는 아시아가 서양에 도전하는 징조로 여겨졌으며, 태평양의 장래는 동서 세력의 대립에 의해 결정된다"는 인식도 생겼다. 샌프란시스코의 신문은 "캘리포니아주의 반일 문제는 생활 수준이 높은 백인과 생활 수준이 낮은 동양인 중 어느 쪽이 세계를 지배할 것인가 하는 세계적인 문제의 일부에 지나지 않는다"고 보도했다.

이에 호응하듯 일본 메이지 시대의 대표적 국가주의 언론인인 도쿠도미 소호(德富蘇峰)는 일본의 승리는 "유색 인종에게 자신감을 주고, 반대로 백인종에게는 시기심을 불러일으켰기 때문에 러일전쟁은 세계 미증유의 인종적 대전란의 예고가 될지 모른다. 일본이 강국이 될수록 일본의 불안도 커지고 타국민의 불안도 커지며, 세계 평화는 존재할 수 없게 될 것이다"라고 예언했다. 이러한 인종주의적 견해는 그 후 일본이 제1차 세계대전이 끝나고 국제연맹을 창설하는 데 있어서 연맹 규약에 인종 차별 금지 조항을 삽입할 것을 요구하고, 제2차 세계대전에서는 백인종으로부터 아시아의 해방을 슬로건으로 내세워 아시아 침략을 정당화하는 형태로 변용되어 나타난다.

태평양전쟁에서 일본은 미국을 '귀축(鬼畜)'이라 하고 미국은 일본을 '야만스럽고 교활한 노랑 원숭이'라 했다. 그런데 아이러니하게도, 지금 미일동맹은 미국과 영국 간의 동맹 이상으로 강력한 것으로 평가받고 있다. 결국 국가 간의 관계(외교)는 인종이나 인종주의와 같은 관념적 편견이나 추상적인 것이 아니라 구체적인 이해관계에 의한 것이라는 말이 된다.

그러면 개항 이후 청일·러일전쟁을 겪으면서 한일병합에 이르기까지의 과정에서 한국의 국가 관계(외교)는 구체적으로 무엇을 좇았는가를 자문하게 된다. 아스라한 '언덕 위의 구름'만 좇은 것은 아니었을지, 한국의 관점에서 청일전쟁과 러일전쟁에 대한 보다 면밀한 탐구와 이해가 요구되는 이유다.

참고문헌

국사편찬위원회, 『續陰晴史』(下), 1960.

김용구, 『러시아의 만주·한반도 정책사, 17~19세기』, 푸른역사, 2018.

로스뚜노프 외 전사연구소 편, 김종헌 옮김, 『러일전쟁사』, 건국대 출판부, 2016.

리하르트 분쉬, 김종대 옮김, 『고종의 독일인 의사 분쉬』, 학고재, 1999.

민영환, 조재곤 편역, 『해천추범 : 1896년 민영환의 세계일주』, 책과함께, 2007.

야마다 아키라, 윤현명 옮김, 『일본, 군비확장의 역사』, 어문학사, 2019.

이성환, 『전쟁국가 일본』, 살림출판사, 2005.

잭 런던, 윤미기 옮김, 『잭 런던의 조선사람 엿보기』, 한울, 2011.

차경애, 「러일전쟁 당시의 전쟁견문록을 통해서 본 전쟁지역 민중의 삶」, 『한국중국근현대사학회』48호, 2010.

최덕수 외, 『조약으로 본 한국 근대사』, 열린책들, 2010.

岡義武, 『山県有朋—明治日本の象徴』, 岩波書店(岩波新書), 1958.

高成鳳,『植民地鐵道』, 日本經濟評論社, 2006.

古屋哲夫,『日露戦争』, 中央公論新社, 1966.

谷寿夫,『機密日露戦史』, 原書房, 1966.

金正明 編,『日韓外交資料集成』第5巻, 巖南堂書店, 1967.

金正明 編,『朝鮮駐箚軍歴史:日韓外交資料集成 別冊1』, 巖南堂書店,
　　1967.

大山梓 編,『山縣有朋意見書』, 原書房, 1966.

稲葉千晴,『バルチック艦隊を捕捉セヨ―海軍情報部の日露戦争』第1巻,
　　成文社, 2016.

陸軍省 編,『明治三十七八年戦役陸軍政史』, 湘南堂書店, 1983.

李盛煥,『近代日本と戦争』, 光陽出版, 2010.

飯倉章,『黄禍論と日本人』, 中公新書, 2013.

山室信一,『日露戦争の世紀』, 岩波書店(岩波新書), 2005.

森山茂德,『近代日韓關係史研究』, 東京大學出版會, 1987.

日本外務省,『日本外交文書』34, 1901.

＿＿＿＿＿,『日本外交文書』35, 1902.

＿＿＿＿＿,『日本外交文書』37-1, 1904.

參謀本部 編纂,『明治二十七八年日清戦史』第8巻, 東京印刷, 1907.

和田春樹,『日露戦争―起源と展開』(上)(下), 岩波書店, 2010.

Rotem Kowner ed., *Rethinking the Russo-Japanese War 1904-5: Centennial
　　Perspective*, London, Global Oriental, 2007.

프랑스엔 〈크세주〉, 일본엔 〈이와나미 문고〉,
한국에는 〈살림지식총서〉가 있습니다.

📖 전자책 | 🔍 큰글자 | 🔊 오디오북

러일전쟁

일본과 러시아 틈새의 한국

펴낸날	**초판 1쇄 2021년 6월 28일**

지은이	**이성환**
펴낸이	**심만수**
펴낸곳	**(주)살림출판사**
출판등록	**1989년 11월 1일 제9-210호**

주소	**경기도 파주시 광인사길 30**
전화	**031-955-1350** 팩스 **031-624-1356**
홈페이지	http://www.sallimbooks.com
이메일	book@sallimbooks.com

ISBN	978-89-522-4300-3 04080
	978-89-522-0096-9 04080 (세트)

※ 값은 뒤표지에 있습니다.
※ 잘못 만들어진 책은 구입하신 서점에서 바꾸어 드립니다.

책임편집 **최정원 고은경**

085 책과 세계

강유원(철학자)

책이라는 텍스트는 본래 세계라는 맥락에서 생겨났다. 인류가 남긴 고전의 중요성은 바로 우리가 가 볼 수 없는 세계를 글자라는 매개를 통해서 우리에게 생생하게 전해 주는 것이다. 이 책은 역사라는 시간과 지상이라고 하는 공간 속에 나타났던 텍스트를 통해 고전에 담겨진 사회와 사상을 드러내려 한다.

056 중국의 고구려사 왜곡   eBook

최광식(고려대 한국사학과 교수)

중국의 고구려사 왜곡의 숨은 의도와 논리, 그리고 우리의 대응 방안을 다뤘다. 저자는 동북공정이 국가 차원에서 진행되는 정치적 프로젝트임을 치밀하게 증언한다. 경제적 목적과 영토 확장의 이해관계 등이 복잡하게 얽혀 있는 동북공정의 진정한 배경에 대한 설명, 고구려의 역사적 정체성에 대한 문제, 고구려사 왜곡에 대한 우리의 대처방법 등이 소개된다.

291 프랑스 혁명   eBook

서정복(충남대 사학과 교수)

프랑스 혁명은 시민혁명의 모델이자 근대 시민국가 탄생의 상징이지만, 그 실상을 아는 사람은 많지 않다. 프랑스 혁명이 바스티유 습격 이전에 이미 시작되었으며, 자유와 평등 그리고 공화정의 꽃을 피기 위해 너무 많은 피를 흘렸고, 혁명의 과정에서 해방과 공포가 엇갈리고 있었다는 등의 이야기를 통해 프랑스 혁명의 실상을 소개한다.

139 신용하 교수의 독도 이야기   eBook

신용하(백범학술원 원장)

사학계의 원로이자 독도 관련 연구의 대가인 신용하 교수가 일본의 독도 영토 편입문제를 걱정하며 일반 독자가 읽기 쉽게 쓴 책. 저자는 역사적으로나 국제법상으로 실효적 점유상으로나, 어느 측면에서 보아도 독도는 명백하게 우리 땅이라고 주장하며 여러 가지 역사적인 자료를 제시한다.

144 페르시아 문화

신규섭(한국외대 연구교수)

인류 최초 문명의 뿌리에서 뻗어 나와 아랍을 넘어 중국, 인도와 파키스탄, 심지어 그리스에까지 흔적을 남긴 페르시아 문화에 대한 개론서. 이 책은 오랫동안 베일에 가려 있던 페르시아 문명을 소개하여 이슬람에 대한 편견과 오해를 바로 잡는다. 이태백이 이란계였다는 사실, 돈황과 서역, 이란의 현대 문화 등이 서술된다.

086 유럽왕실의 탄생

김현수(단국대 역사학과 교수)

인류에게 '예술과 문명' 그리고 '근대와 국가'라는 개념을 선사한 유럽왕실. 유럽왕실의 탄생배경과 그 정체성은 무엇인가? 이 책은 게르만의 한 종족인 프랑크족과 메로빙거 왕조, 프랑스의 카페 왕조, 독일의 작센 왕조, 잉글랜드의 웨섹스 왕조 등 수많은 왕조의 출현과 쇠퇴를 통해 유럽 역사의 변천을 소개한다.

016 이슬람 문화

이희수(한양대 문화인류학과 교수)

이슬람교와 무슬림의 삶, 테러와 팔레스타인 문제 등 이슬람 문화 전반을 다룬 책. 저자는 그들의 멋과 가치관을 흥미롭게 설명하면서 한편으로 오해와 편견에 사로잡혀 있던 시각의 일대 전환을 요구한다. 이슬람교와 기독교의 관계, 무슬림의 삶과 낭만, 이슬람 원리주의와 지하드의 실상, 팔레스타인 분할 과정 등의 내용이 소개된다.

100 여행 이야기

이진홍(한국외대 강사)

이 책은 여행의 본질 위를 '길거리의 철학자'처럼 편안하게 소요한다. 먼저 여행의 역사를 더듬어 봄으로써 여행이 어떻게 인류 역사의 형성과 같이해 왔는지를 생각하고, 다음으로 여행의 사회학적·심리학적 의미를 추적함으로써 여행에 어떤 의미를 부여할 것인가에 대해 말한다. 또한 우리의 내면과 여행의 관계 정의를 시도한다.

293 문화대혁명 중국 현대사의 트라우마 eBook

백승욱(중앙대 사회학과 교수)

중국의 문화대혁명은 한두 줄의 정부 공식 입장을 통해 정리될 수 없는 중대한 사건이다. 20세기 중국의 모든 모순은 사실 문화대혁명 시기에 집약되어 있다고 해도 과언이 아니다. 사회주의 시기의 국가 · 당 · 대중의 모순이라는 문제의 복판에서 문화대혁명을 다시 읽을 필요가 있는 지금, 이 책은 문화대혁명에 대한 안내자가 될 것이다.

174 정치의 원형을 찾아서 eBook

최자영(부산외국어대학교 HK교수)

인류가 걸어온 모든 정치체제들을 매우 짧은 기간 동안 시험하고 정비한 나라, 그리스. 이 책은 과두정, 민주정, 참주정 등 고대 그리스의 정치사를 추적하고, 정치가들의 파란만장한 일화 등을 소개하고 있다. 특히 이 책의 저자는 아테네인들이 추구했던 정치방법이 오늘 우리 사회가 당면한 문제를 해결할 수 있는 지혜의 발견에 도움을 줄 수 있을 것이라고 말한다.

420 위대한 도서관 건축순례 eBook

최정태(부산대학교 명예교수)

이 책은 도서관의 건축을 중심으로 다룬 일종의 기행문이다. 고대 도서관에서부터 21세기에 완공된 최첨단 도서관까지, 필자는 가능한 많은 도서관을 직접 찾아보려고 애썼다. 미처 방문하지 못한 도서관에 대해서는 문헌과 그림 등 가능한 많은 정보를 수집하려 노력했다. 필자의 단상들을 함께 읽는 동안 우리 사회에서 도서관이 차지하는 의미에 대해 다시 생각하게 된다.

421 아름다운 도서관 오디세이 eBook

최정태(부산대학교 명예교수)

이 책은 문헌정보학과에서 자료 조직을 공부하고 평생을 도서관에 몸담았던 한 도서관 애찬가의 고백이다. 필자는 퇴임 후 지금까지 도서관을 돌아다니면서 직접 보고 배운 것이 40여 년 동안 강단과 현장에서 보고 얻은 이야기보다 훨씬 많았다고 말한다. '세계 도서관 여행 가이드'라 불러도 손색없을 만큼 풍부하고 다채로운 내용이 이 한 권에 담겼다.

eBook 표시가 되어있는 도서는 전자책으로 구매가 가능합니다.

(주)살림출판사
www.sallimbooks.com
주소 경기도 파주시 문발동 522-1 | 전화 031-955-1350 | 팩스 031-955-1355